Kuchnia Roślinna
Smakuj Życie w Zgodzie z Naturą

Joanna Nowak

Prawa autorskie 2024

Wszelkie prawa zastrzeżone

Wszelkie prawa zastrzeżone. Żadna część tej książki nie może być powielana ani kopiowana w żadnej formie ani żadnymi środkami elektronicznymi lub mechanicznymi, włączając fotokopiowanie, nagrywanie lub jakikolwiek system przechowywania i wyszukiwania informacji, bez pisemnej zgody wydawcy, z wyjątkiem zamieszczenia krótkich cytaty w recenzji.

Ostrzeżenie-zastrzeżenie

Informacje zawarte w tej książce mają być jak najbardziej dokładne. Autor i wydawca nie ponoszą żadnej odpowiedzialności wobec kogokolwiek za jakiekolwiek straty lub szkody spowodowane lub rzekomo spowodowane, bezpośrednio lub pośrednio, przez informacje zawarte w tej książce.

Spis treści

Wstęp 11
Duszone karczochy z winem i cytryną 13
. Pieczona marchewka z ziołami 15
Łatwa duszona fasolka szparagowa 17
Duszony jarmuż z nasionami sezamu 19
Pieczone warzywa na zimę 22
Tradycyjny marokański tagine 24
Smażona kapusta pekińska 26
Smażony kalafior z sezamem 28
Słodki puree z marchwi 30
smażona zielona rzepa 32
Yukon Złote Puree Ziemniaczane 34
Aromatyczny smażony boćwina 36
Klasyczna smażona papryka 38
Puree z warzyw korzeniowych 40
. smażona dynia 42
Smażone grzyby Cremini 44

Pieczone Szparagi Z Sezamem 46

Patelnia z bakłażanem po grecku 48

Keto-ryż kalafiorowy 50

Łatwy jarmuż czosnkowy 52

Karczochy duszone w cytrynie i oliwie z oliwek 54

Pieczona marchewka z czosnkiem i rozmarynem 55

Fasolka szparagowa w stylu śródziemnomorskim 58

Pieczone warzywa ogrodowe 60

. łatwa pieczona kalarepa 62

Kalafior z sosem Tahini 64

Puree ziołowo-kalafiorowe 66

Patelnia Pieczarkowa Z Czosnkiem I Ziołami 68

Szparagi smażone na patelni 70

Puree marchewkowe z imbirem 72

Karczochy pieczone w stylu śródziemnomorskim 74

Jarmuż duszony po tajsku 77

Jedwabiste puree z kalarepy 79

Smażony szpinak w kremie 81

Aromatyczna smażona rutabaga 83

Klasyczna duszona kapusta 85

Smażona marchewka z sezamem 87

Pieczona marchewka z sosem tahini 89

Pieczony Kalafior Z Ziołami 91

Kremowe puree z brokułów i rozmarynu 94

Łatwa patelnia boćwinowa.. 96

Jarmuż duszony w winie 98

Warzywa fasolowe francuskie 100

Maślane puree z rzepy 102

Smażona cukinia z ziołami 104

Puree ze słodkich ziemniaków 106

Wstęp 110

Tradycyjny indyjski Rajma Dal..113

Sałatka z czerwonej fasoli...115

Gulasz warzywno-fasolowy Anasazi 117

Łatwa i obfita shakshuka..120

staromodne chili...122

Prosta sałatka z czerwonej soczewicy 125

Sałatka z ciecierzycy w stylu śródziemnomorskim 127

Tradycyjny toskański gulasz fasolowy (Ribollita)........................130

Mieszanka warzyw i soczewicy bieługi 132

Meksykańskie miski Taco z ciecierzycy 134

Indyjski Dal Makhani 136

Miska na fasolę w stylu meksykańskim...138

Klasyczny włoski Minestrone..140

Gulasz z zielonej soczewicy z kapustą 142

Mieszanka warzywna z ciecierzycy 144

Pikantny sos fasolowy 146

Sałatka sojowa w stylu chińskim 148

Staromodny gulasz z soczewicy i warzyw 151

Indyjska chana masala 153

pasztet z czerwonej fasoli 155

Miska brązowej soczewicy 157

Ostra i pikantna zupa fasolowa Anasazi 159

Sałatka z groszku czarnookiego (Ñebbe) 161

Słynne chili mamy 163

Sałatka Krem z Ciecierzycy Z Orzeszkami pinii 165

Miska Buddy z Czarnej Fasoli 167

Gulasz z ciecierzycy z Bliskiego Wschodu 169

Dip z soczewicy i pomidorów 171

Sałatka krem z zielonego groszku 173

Hummus Za'atar z Bliskiego Wschodu 176

Sałatka Z Soczewicy Z Orzeszkami Pinii 178

Ciepła sałatka z fasoli Anasazi 180

Tradycyjny gulasz Mnazaleh 182

Krem z czerwonej soczewicy i papryki 184

Smażony w woku przyprawiony groszek śnieżny 186

Szybkie chilli na co dzień ...188

Kremowa sałatka z groszku czarnookiego ...191

Awokado Nadziewane Ciecierzycą ...193

Zupa z czarnej fasoli ...195

Sałatka z soczewicy Beluga z ziołami ...199

Włoska sałatka z fasoli ...202

Pomidory Nadziewane Białą Fasolą ...204

Zimowa zupa grochowa czarnooka ...206

Empanady z czerwonej fasoli ...208

Domowe burgery grochowe ...210

marchewkowe kulki energetyczne ...212

Chrupiące kawałki słodkich ziemniaków ...214

Wstęp

Do niedawna coraz więcej osób zaczynało stosować dietę roślinną. To, co dokładnie przyciągnęło dziesiątki milionów ludzi do tego stylu życia, jest dyskusyjne. Istnieje jednak coraz więcej dowodów wskazujących, że prowadzenie stylu życia opartego głównie na roślinach prowadzi do lepszej kontroli wagi i ogólnego stanu zdrowia, wolnego od wielu chorób przewlekłych. Jakie korzyści zdrowotne wynikają z diety roślinnej? Okazuje się, że dieta roślinna to jedna z najzdrowszych diet świata. Zdrowa dieta wegańska obejmuje dużo świeżych produktów, produktów pełnoziarnistych, roślin strączkowych i zdrowych tłuszczów, takich jak nasiona i orzechy. Są bogate w przeciwutleniacze, minerały, witaminy i błonnik pokarmowy. Aktualne badania naukowe wskazują, że większe spożycie żywności pochodzenia roślinnego wiąże się z niższym ryzykiem śmiertelności z powodu chorób takich jak choroby układu krążenia, cukrzyca typu 2, nadciśnienie i otyłość. Wegańskie plany żywieniowe opierają się zazwyczaj na zdrowych podstawowych produktach spożywczych i unikają produktów pochodzenia zwierzęcego obciążonych antybiotykami, dodatkami i hormonami. Ponadto spożywanie większej proporcji niezbędnych aminokwasów z białkami zwierzęcymi może być szkodliwe dla zdrowia ludzkiego. Ponieważ produkty pochodzenia zwierzęcego zawierają znacznie więcej tłuszczu niż żywność pochodzenia roślinnego, nie jest zaskoczeniem, że badania wykazały, że osoby jedzące mięso mają dziewięciokrotnie wyższy wskaźnik otyłości niż weganie. To prowadzi nas do następnego punktu, jednej z największych korzyści diety wegańskiej: utraty wagi. Chociaż wiele osób decyduje się na życie wegańskie ze względów etycznych, sama dieta może pomóc w osiągnięciu celów związanych z utratą wagi. Jeśli masz trudności ze zmianą wagi, możesz rozważyć wypróbowanie diety roślinnej. Jak dokładnie? Jako weganin zmniejszysz liczbę wysokokalorycznych produktów spożywczych, takich jak pełnotłusty nabiał, tłuste ryby, wieprzowina i inne produkty zawierające cholesterol, takie jak jajka. Spróbuj zastąpić te produkty alternatywami bogatymi w błonnik i białko, które zapewnią Ci uczucie sytości na dłużej. Kluczem jest skupienie się na bogatej w składniki odżywcze, czystej, naturalnej żywności i unikanie pustych kalorii, takich jak cukier, tłuszcze nasycone i żywność wysoko przetworzona. Oto kilka trików, które pomagają mi utrzymać wagę na diecie wegańskiej przez lata. Jako danie główne mam warzywa; Dobre tłuszcze spożywam z umiarem – dobry tłuszcz, taki jak oliwa z oliwek, nie tuczy; Regularnie ćwiczę i gotuję w domu. Ciesz się!

Duszone karczochy z winem i cytryną

(Gotowe w około 35 minut | Porcja dla 4 osób)

Na porcję: Kalorie: 228; Tłuszcz: 15,4 g; Węglowodany: 19,3 g; Białko: 7,2 g

Składniki

1 duża cytryna, świeżo wyciśnięta

1 ½ funta karczochów, pokrojonych, z twardymi liśćmi zewnętrznymi i bez dławików

2 łyżki drobno posiekanych liści mięty

2 łyżki drobno posiekanych liści kolendry

2 łyżki drobno posiekanych liści bazylii

2 ząbki czosnku, posiekane

1/4 szklanki wytrawnego białego wina

1/4 szklanki oliwy z oliwek z pierwszego tłoczenia plus trochę do skropienia

Sól morska i świeżo zmielony czarny pieprz do smaku

Adresy

Napełnij pojemnik wodą i dodaj sok z cytryny. Włóż oczyszczone karczochy do miski, tak aby były całkowicie zanurzone.

W innej małej misce dobrze wymieszaj zioła i czosnek. Natrzyj karczochy mieszanką ziół.

Do rondla wlać wino i oliwę z oliwek; dodać karczochy do rondla. Zmniejsz ogień do małego i kontynuuj gotowanie pod przykryciem przez około 30 minut, aż karczochy będą chrupiące i miękkie.

Przed podaniem skrop karczochy sosem z gotowania, dopraw solą i czarnym pieprzem i ciesz się smakiem!

Pieczona marchewka z ziołami

(Gotowe w około 25 minut | Porcja dla 4 osób)

Na porcję: Kalorie: 217; Tłuszcz: 14,4 g; Węglowodany: 22,4 g; Białko: 2,3 g

Składniki

2 funty marchewki, przyciętej i przekrojonej wzdłuż na pół

4 łyżki oliwy z oliwek

1 łyżeczka granulowanego czosnku

1 łyżeczka papryki

Sól morska i świeżo zmielony czarny pieprz

2 łyżki posiekanej świeżej kolendry

2 łyżki posiekanej świeżej natki pietruszki

2 łyżki posiekanego świeżego szczypiorku

Adresy

Zacznij od rozgrzania piekarnika do 400 stopni F.

Marchewkę wymieszać z oliwą, czosnkiem granulowanym, papryką, solą i czarnym pieprzem. Ułóż je w jednej warstwie na blasze wyłożonej pergaminem.

Marchewkę pieczemy w nagrzanym piekarniku przez około 20 minut, aż będzie miękka.

Wymieszaj marchewki ze świeżymi ziołami i natychmiast podawaj. Cieszyć się!

Łatwa duszona fasolka szparagowa

(Gotowe w około 15 minut | Porcja dla 4 osób)

Na porcję: Kalorie: 207; Tłuszcz: 14,5 g; Węglowodany: 16,5 g; Białko: 5,3 g

Składniki

4 łyżki oliwy z oliwek

1 marchewka, pokrojona w słupki

1 ½ funta zielonej fasolki, posiekanej

4 ząbki czosnku, obrane

1 laur laurowy

1 ½ szklanki bulionu warzywnego

Sól morska i mielony czarny pieprz do smaku

1 cytryna pokrojona w ósemki

Adresy

Rozgrzej oliwę z oliwek w rondlu na średnim ogniu. Gdy będą gorące, smaż marchewkę i fasolkę szparagową przez około 5 minut, okresowo mieszając, aby zapewnić równomierne gotowanie.

Dodaj czosnek i liść laurowy i kontynuuj smażenie jeszcze przez 1 minutę lub do momentu, aż zacznie pachnieć.

Dodaj bulion, sól i czarny pieprz i kontynuuj gotowanie na wolnym ogniu pod przykryciem przez około 9 minut lub do momentu, aż fasolka szparagowa będzie miękka.

Skosztuj, dopraw przyprawami i podawaj z cząstkami cytryny. Cieszyć się!

Duszony jarmuż z nasionami sezamu

(Gotowe w około 10 minut | Porcja dla 4 osób)

Na porcję: Kalorie: 247; Tłuszcz: 19,9 g; Węglowodany: 13,9 g; Białko: 8,3 g

Składniki

1 szklanka bulionu warzywnego

1 funt jarmużu, oczyszczony, pozbawiony twardych łodyg, pokrojony na kawałki

4 łyżki oliwy z oliwek

6 ząbków czosnku, posiekanych

1 łyżeczka papryki

Sól koszerna i mielony czarny pieprz do smaku

4 łyżki nasion sezamu, lekko uprażonych

Adresy

W rondlu zagotuj bulion warzywny; Dodać liście jarmużu i doprowadzić do wrzenia. Gotuj przez około 5 minut, aż jarmuż zmięknie; rezerwować.

Rozgrzej olej w tym samym rondlu na średnim ogniu. Gdy będzie gorący, smaż czosnek przez około 30 sekund lub do momentu, aż zacznie być aromatyczny.

Dodaj zarezerwowany jarmuż, paprykę, sól i czarny pieprz i gotuj jeszcze przez kilka minut lub do momentu, aż się rozgrzeje.

Udekoruj lekko prażonymi ziarnami sezamu i natychmiast podawaj. Cieszyć się!

Pieczone warzywa na zimę

(Gotowe w około 45 minut | Porcja dla 4 osób)

Na porcję: Kalorie: 255; Tłuszcz: 14 g; Węglowodany: 31g; Białko: 3g

Składniki

1/2 funta marchewki, pokrojonej na 1-calowe kawałki

1/2 funta pasternaku, pokrojonego na 1-calowe kawałki

1/2 funta selera, pokrojonego na 1-calowe kawałki

1/2 funta słodkich ziemniaków, pokrojonych na 1-calowe kawałki

1 duża cebula, pokrojona w krążki

1/4 szklanki oliwy z oliwek

1 łyżeczka płatków czerwonej papryki

1 łyżeczka suszonej bazylii

1 łyżeczka suszonego oregano

1 łyżeczka suszonego tymianku

Sól morska i świeżo zmielony czarny pieprz

Adresy

Zacznij od rozgrzania piekarnika do 420 stopni F.

Warzywa wymieszać z oliwą i przyprawami. Ułóż je na wyłożonej pergaminem blasze do pieczenia.

Piecz około 25 minut. Wymieszaj warzywa i kontynuuj gotowanie przez kolejne 20 minut.

Cieszyć się!

Tradycyjny marokański tagine

(Gotowe w około 30 minut | Porcja dla 4 osób)

Na porcję: Kalorie: 258; Tłuszcz: 12,2 g; Węglowodany: 31g; Białko: 8,1 g

Składniki

3 łyżki oliwy z oliwek

1 duża szalotka, posiekana

1 łyżeczka imbiru, obranego i posiekanego

4 ząbki czosnku, posiekane

2 średnie marchewki, przycięte i posiekane

2 średnie pasternak, przycięte i posiekane

2 średnie słodkie ziemniaki, obrane i pokrojone w kostkę

Sól morska i mielony czarny pieprz do smaku

1 łyżeczka ostrego sosu

1 łyżeczka kozieradki

1/2 łyżeczki szafranu

1/2 łyżeczki kminku

2 duże pomidory, puree

4 szklanki bulionu warzywnego

1 cytryna pokrojona w ósemki

Adresy

W garnku rozgrzej oliwę z oliwek na średnim ogniu. Gdy będzie już gorąca, smaż szalotkę przez 4 do 5 minut, aż będzie miękka.

Następnie smaż imbir i czosnek przez około 40 sekund lub do momentu, aż zaczną nabierać aromatu.

Dodać pozostałe składniki oprócz cytryny i doprowadzić do wrzenia. Natychmiast zmniejsz ogień do małego.

Gotuj na wolnym ogniu przez około 25 minut lub do momentu, aż warzywa zmiękną. Podawaj ze świeżymi cząstkami cytryny i ciesz się smakiem!

Smażona kapusta pekińska

(Gotowe w około 10 minut | Porcja dla 3 osób)

Na porcję: Kalorie: 228; Tłuszcz: 20,7 g; Węglowodany: 9,2 g; Białko: 4,4 g

Składniki

3 łyżki oleju sezamowego

1 funt bok choy, pokrojony w plasterki

1/2 łyżeczki chińskiego proszku pięciu przypraw

Sól koszerna do smaku

1/2 łyżeczki pieprzu syczuańskiego

2 łyżki sosu sojowego

3 łyżki nasion sezamu, lekko uprażonych

Adresy

W woku rozgrzej olej sezamowy, aż zacznie skwierczeć. Smaż kapustę przez około 5 minut.

Dodaj przyprawy i sos sojowy i kontynuuj smażenie, często mieszając, przez około 5 minut, aż kapusta będzie chrupiąca, miękka i aromatyczna.

Posypujemy wierzch ziarnami sezamu i natychmiast podajemy.

Smażony kalafior z sezamem

(Gotowe w około 15 minut | Porcja dla 4 osób)

Na porcję: Kalorie: 217; Tłuszcz: 17 g; Węglowodany: 13,2 g; Białko: 7,1 g

Składniki

1 szklanka bulionu warzywnego

1 ½ funta różyczek kalafiora

4 łyżki oliwy z oliwek

2 łodygi szczypiorku, posiekane

4 ząbki czosnku, posiekane

Sól morska i świeżo zmielony czarny pieprz do smaku

2 łyżki nasion sezamu, lekko uprażonych

Adresy

W dużym rondlu zagotuj bulion warzywny; następnie dodaj kalafior i gotuj przez około 6 minut lub do miękkości widelca; rezerwować.

Następnie podgrzej oliwę z oliwek, aż zacznie skwierczeć; Teraz podsmaż szalotkę i czosnek przez około 1 minutę lub do momentu, aż będą miękkie i aromatyczne.

Dodaj zarezerwowany kalafior, a następnie sól i czarny pieprz; Kontynuuj gotowanie na wolnym ogniu przez około 5 minut lub do momentu, aż się rozgrzeje

Udekoruj prażonymi ziarnami sezamu i natychmiast podawaj. Cieszyć się!

Słodki puree z marchwi

(Gotowe w około 25 minut | Porcja dla 4 osób)

Na porcję: Kalorie: 270; Tłuszcz: 14,8 g; Węglowodany: 29,2 g; Białko: 4,5 g

Składniki

1 ½ funta marchewki, posiekanej

3 łyżki masła wegańskiego

1 szklanka szalotki, pokrojonej w plasterki

1 łyżka syropu klonowego

1/2 łyżeczki czosnku w proszku

1/2 łyżeczki zmielonego ziela angielskiego

Sól morska do smaku

1/2 szklanki sosu sojowego

2 łyżki posiekanej świeżej kolendry

Adresy

Marchew gotuj na parze przez około 15 minut, aż będzie bardzo miękka; dobrze odsączyć.

Na patelni rozpuść masło, aż zacznie skwierczeć. Teraz zmniejsz ogień, aby utrzymać uporczywy skwierczenie.

Teraz gotuj szalotki, aż zmiękną. Dodać syrop klonowy, proszek czosnkowy, zmielone ziele angielskie, sól i sos sojowy, gotować około 10 minut lub do momentu karmelizacji.

Dodaj karmelizowany szczypiorek do robota kuchennego; Dodaj marchewkę i składniki puree, aż dobrze się wymieszają.

Podawać udekorowane świeżą kolendrą. Cieszyć się!

smażona zielona rzepa

(Gotowe w około 15 minut | Porcja dla 4 osób)

Na porcję: Kalorie: 140; Tłuszcz: 8,8 g; Węglowodany: 13g; Białko: 4,4 g

Składniki

2 łyżki oliwy z oliwek

1 cebula pokrojona w plasterki

2 ząbki czosnku, pokrojone w plasterki

1 ½ funta czystej i posiekanej zieleniny rzepy

1/4 szklanki bulionu warzywnego

1/4 szklanki wytrawnego białego wina

1/2 łyżeczki suszonego oregano

1 łyżeczka suszonych płatków pietruszki

Sól koszerna i mielony czarny pieprz do smaku

Adresy

Na patelni rozgrzej oliwę z oliwek na średnio dużym ogniu.

Teraz smaż cebulę przez 3 do 4 minut lub do momentu, aż będzie miękka i półprzezroczysta. Dodaj czosnek i kontynuuj smażenie przez kolejne 30 sekund lub do momentu, aż będzie aromatyczny.

Dodać zieloną rzepę, bulion, wino, oregano i pietruszkę; kontynuuj smażenie przez kolejne 6 minut lub do całkowitego zwiędnięcia.

Dopraw solą i czarnym pieprzem do smaku i podawaj na gorąco. Cieszyć się!

Yukon Złote Puree Ziemniaczane

(Gotowe w około 25 minut | Porcja dla 5 osób)

Na porcję: Kalorie: 221; Tłuszcz: 7,9 g; Węglowodany: 34,1 g; Białko: 4,7 g

Składniki

2 funty ziemniaków Yukon Gold, obrane i pokrojone w kostkę

1 ząbek czosnku, wyciśnięty

Sól morska i płatki czerwonej papryki do smaku

3 łyżki masła wegańskiego

1/2 szklanki mleka sojowego

2 łyżki szalotki, pokrojonej w plasterki

Adresy

Zalej ziemniaki centymetrem lub dwoma zimnej wody. Ziemniaki gotujemy w lekko wrzącej wodzie przez około 20 minut.

Następnie rozgnieć ziemniaki wraz z czosnkiem, solą, czerwoną papryką, masłem i mlekiem, aż uzyskasz pożądaną konsystencję.

Podawać udekorowane świeżym szczypiorkiem. Cieszyć się!

Aromatyczny smażony boćwina

(Gotowe w około 15 minut | Porcja dla 4 osób)

Na porcję: Kalorie: 124; Tłuszcz: 6,7 g; Węglowodany: 11,1 g; Białko: 5g

Składniki

2 łyżki masła wegańskiego

1 posiekana cebula

2 ząbki czosnku, pokrojone w plasterki

Sól morska i mielony czarny pieprz do przyprawienia

1 ½ funta boćwiny, pokrojonej na kawałki, usunięte twarde łodygi

1 szklanka bulionu warzywnego

1 liść laurowy

1 gałązka tymianku

2 gałązki rozmarynu

1/2 łyżeczki nasion gorczycy

1 łyżeczka nasion selera

Adresy

W rondlu rozpuść wegańskie masło na średnim ogniu.

Następnie smaż cebulę przez około 3 minuty lub do momentu, aż będzie miękka i przezroczysta; podsmaż czosnek przez około 1 minutę, aż zacznie nabierać aromatu.

Dodaj pozostałe składniki i zmniejsz ogień, aby zagotować; gotuj na wolnym ogniu pod przykryciem przez około 10 minut lub do momentu, aż wszystko się ugotuje. Cieszyć się!

Klasyczna smażona papryka

(Gotowe w około 15 minut | Porcja dla 2 osób)

Na porcję: Kalorie: 154; Tłuszcz: 13,7 g; Węglowodany: 2,9 g; Białko: 0,5 g

Składniki

3 łyżki oliwy z oliwek

4 papryki pozbawione gniazd nasiennych i pokrojone w paski

2 ząbki czosnku, posiekane

Sól i świeżo zmielony czarny pieprz do smaku.

1 łyżeczka pieprzu cayenne

4 łyżki wytrawnego białego wina

2 łyżki posiekanej świeżej kolendry

Adresy

W rondlu rozgrzej olej na średnim ogniu.

Gdy papryka będzie gorąca, smaż paprykę przez około 4 minuty lub do momentu, aż będzie miękka i pachnąca. Następnie podsmaż czosnek przez około 1 minutę, aż zacznie nabierać aromatu.

Dodaj sól, czarny pieprz i pieprz cayenne; kontynuuj smażenie, dodając wino, przez około 6 minut, aż będzie miękkie i ugotowane.

Posmakuj i dostosuj przyprawy. Posyp świeżą kolendrą i podawaj. Cieszyć się!

Puree z warzyw korzeniowych

(Gotowe w około 25 minut | Porcja dla 5 osób)

Na porcję: Kalorie: 207; Tłuszcz: 9,5 g; Węglowodany: 29,1 g; Białko: 3g

Składniki

1 funt czerwonych ziemniaków, obranych i pokrojonych na kawałki

1/2 funta pasternaku, przyciętego i pokrojonego w kostkę

1/2 funta marchewki, obranej i pokrojonej w kostkę

4 łyżki masła wegańskiego

1 łyżeczka suszonego oregano

1/2 łyżeczki suszonego koperku

1/2 łyżeczki suszonego majeranku

1 łyżeczka suszonej bazylii

Adresy

Warzywa zalać wodą na głębokość 1 cala. Doprowadzić do wrzenia i gotować przez około 25 minut, aż zmiękną; osuszać.

Warzywa zmiksuj z resztą składników, w razie potrzeby dodając płyn z gotowania.

Podawaj na gorąco i ciesz się!

. smażona dynia

(Gotowe w około 25 minut | Porcja dla 4 osób)

Na porcję: Kalorie: 247; Tłuszcz: 16,5 g; Węglowodany: 23,8 g; Białko: 4,3 g

Składniki

4 łyżki oliwy z oliwek

1/2 łyżeczki mielonego kminku

1/2 łyżeczki zmielonego ziela angielskiego

1 ½ funta dyni, obranej, pozbawionej nasion i pokrojonej w kostkę

1/4 szklanki wytrawnego białego wina

2 łyżki ciemnego sosu sojowego

1 łyżeczka nasion gorczycy

1 łyżeczka papryki

Sól morska i mielony czarny pieprz do smaku

Adresy

Zacznij od rozgrzania piekarnika do 420 stopni F. Wymieszaj dynię z pozostałymi składnikami.

Piec dynię piżmową przez około 25 minut lub do momentu, aż będzie miękka i karmelizowana.

Podawaj na gorąco i ciesz się!

Smażone grzyby Cremini

(Gotowe w około 10 minut | Porcja dla 4 osób)

Na porcję: Kalorie: 197; Tłuszcz: 15,5 g; Węglowodany: 8,8 g; Białko: 7,3 g

Składniki

4 łyżki oliwy z oliwek

4 łyżki posiekanej szalotki

2 ząbki czosnku, posiekane

1 ½ funta grzybów cremini, pokrojonych w plasterki

1/4 szklanki wytrawnego białego wina

Sól morska i mielony czarny pieprz do smaku

Adresy

Na patelni rozgrzej oliwę z oliwek na średnio dużym ogniu.

Teraz smaż szalotkę przez 3 do 4 minut lub do momentu, aż będzie miękka i przezroczysta. Dodaj czosnek i kontynuuj smażenie przez kolejne 30 sekund lub do momentu, aż będzie aromatyczny.

Dodaj grzyby Cremini, wino, sól i czarny pieprz; Kontynuuj smażenie przez kolejne 6 minut, aż grzyby lekko się zarumienią.

Cieszyć się!

Pieczone Szparagi Z Sezamem

(Gotowe w około 25 minut | Porcja dla 4 osób)

Na porcję: Kalorie: 215; Tłuszcz: 19,1 g; Węglowodany: 8,8 g; Białko: 5,6 g

Składniki

1 ½ funta szparagów, przyciętych

4 łyżki oliwy z oliwek z pierwszego tłoczenia

Sól morska i mielony czarny pieprz do smaku

1/2 łyżeczki suszonego oregano

1/2 łyżeczki suszonej bazylii

1 łyżeczka płatków czerwonej papryki, zmielonych

4 łyżki nasion sezamu

2 łyżki świeżego szczypiorku, posiekanego

Adresy

Zacznij od rozgrzania piekarnika do 400 stopni F. Następnie wyłóż blachę do pieczenia papierem pergaminowym.

Wymieszaj szparagi z oliwą z oliwek, solą, czarnym pieprzem, oregano, bazylią i płatkami czerwonej papryki. Teraz ułóż szparagi w jednej warstwie na przygotowanej blasze do pieczenia.

Grilluj szparagi przez około 20 minut.

Posyp szparagi nasionami sezamu i kontynuuj pieczenie przez kolejne 5 minut lub do momentu, aż szparagi będą chrupiące, a nasiona sezamu lekko przypieczone.

Udekoruj świeżym szczypiorkiem i podawaj na gorąco. Cieszyć się!

Patelnia z bakłażanem po grecku

(Gotowe w około 15 minut | Porcja dla 4 osób)

Na porcję: Kalorie: 195; Tłuszcz: 16,1 g; Węglowodany: 13,4 g; Białko: 2,4 g

Składniki

4 łyżki oliwy z oliwek

1 ½ funta bakłażana, obranego i pokrojonego w plasterki

1 łyżeczka mielonego czosnku

1 rozgnieciony pomidor

Sól morska i mielony czarny pieprz do smaku

1 łyżeczka pieprzu cayenne

1/2 łyżeczki suszonego oregano

1/4 łyżeczki zmielonego liścia laurowego

2 uncje oliwek Kalamata, pozbawionych pestek i pokrojonych w plasterki

Adresy

Rozgrzej olej na patelni na średnim ogniu.

Następnie smaż bakłażana przez około 9 minut lub do miękkości.

Dodaj pozostałe składniki, przykryj i kontynuuj gotowanie przez kolejne 2–3 minuty lub do momentu ugotowania. Podawać na gorąco.

Keto-ryż kalafiorowy

(Gotowe w około 10 minut | Porcja dla 5 osób)

Na porcję: Kalorie: 135; Tłuszcz: 11,5 g; Węglowodany: 7,2 g; Białko: 2,4 g

Składniki

2 średnie główki kalafiora, usunięte łodygi i liście

4 łyżki oliwy z oliwek z pierwszego tłoczenia

4 ząbki czosnku, wyciśnięte

1/2 łyżeczki zmielonych płatków czerwonej papryki

Sól morska i mielony czarny pieprz do smaku

1/4 szklanki posiekanej natki pietruszki o płaskich liściach

Adresy

Rozdrobnij kalafior w robocie kuchennym za pomocą ostrza w kształcie litery S, aż rozpadnie się na „ryż".

Rozgrzej oliwę z oliwek w rondlu na średnim ogniu. Gdy będzie gorący, ugotuj czosnek, aż zacznie pachnieć lub około 1 minuty.

Dodaj ryż kalafiorowy, czerwoną paprykę, sól i czarny pieprz i kontynuuj smażenie przez kolejne 7 do 8 minut.

Posmakuj, dopraw przyprawami i udekoruj świeżą natką pietruszki. Cieszyć się!

Łatwy jarmuż czosnkowy

(Gotowe w około 10 minut | Porcja dla 4 osób)

Na porcję: Kalorie: 217; Tłuszcz: 15,4 g; Węglowodany: 16,1 g; Białko: 8,6 g

Składniki

4 łyżki oliwy z oliwek

4 ząbki czosnku, posiekane

1 ½ funta świeżego jarmużu, usunąć twarde łodygi i żebra, pokroić na kawałki

1 szklanka bulionu warzywnego

1/2 łyżeczki nasion kminku

1/2 łyżeczki suszonego oregano

1/2 łyżeczki papryki

1 łyżeczka proszku cebulowego

Sól morska i mielony czarny pieprz do smaku

Adresy

W rondlu rozgrzej oliwę z oliwek na średnio dużym ogniu. Teraz smaż czosnek przez około 1 minutę lub do momentu, aż będzie aromatyczny.

Dodawaj partiami jarmuż, stopniowo dodając bulion warzywny; Mieszaj, aby zapewnić równomierne gotowanie.

Zmniejsz ogień na mały, dodaj przyprawy i gotuj przez 5 do 6 minut, aż liście jarmużu zwiędną.

Podawaj na gorąco i ciesz się!

Karczochy duszone w cytrynie i oliwie z oliwek

(Gotowe w około 35 minut | Porcja dla 4 osób)

Na porcję: Kalorie: 278; Tłuszcz: 18,2 g; Węglowodany: 27g; Białko: 7,8 g

Składniki

1 ½ szklanki wody

2 świeżo wyciśnięte cytryny

2 funty karczochów, pokrojonych, z twardymi liśćmi zewnętrznymi i bez dławików

1 garść świeżej włoskiej pietruszki

2 gałązki tymianku

2 gałązki rozmarynu

2 liście laurowe

2 ząbki czosnku, posiekane

1/3 szklanki oliwy z oliwek

Sól morska i mielony czarny pieprz do smaku

1/2 łyżeczki płatków czerwonej papryki

Adresy

Napełnij pojemnik wodą i dodaj sok z cytryny. Włóż oczyszczone karczochy do miski, tak aby były całkowicie zanurzone.

W innej małej misce dobrze wymieszaj zioła i czosnek. Natrzyj karczochy mieszanką ziół.

Do rondla wlać wodę cytrynową i oliwę z oliwek; dodać karczochy do rondla. Zmniejsz ogień do małego i kontynuuj gotowanie pod przykryciem przez około 30 minut, aż karczochy będą chrupiące i miękkie.

Przed podaniem skrop karczochy sosem z gotowania, dopraw solą, czarnym pieprzem i płatkami czerwonej papryki. Cieszyć się!

Pieczona marchewka z czosnkiem i rozmarynem

(Gotowe w około 25 minut | Porcja dla 4 osób)

Na porcję: Kalorie: 228; Tłuszcz: 14,2 g; Węglowodany: 23,8 g; Białko: 2,8 g

Składniki

2 funty marchewki, przyciętej i przekrojonej wzdłuż na pół

4 łyżki oliwy z oliwek

2 łyżki octu szampańskiego

4 ząbki czosnku, posiekane

2 gałązki rozmarynu, posiekane

Sól morska i mielony czarny pieprz do smaku

4 łyżki posiekanych orzeszków piniowych

Adresy

Zacznij od rozgrzania piekarnika do 400 stopni F.

Marchewkę wymieszać z oliwą, octem, czosnkiem, rozmarynem, solą i czarnym pieprzem. Ułóż je w jednej warstwie na blasze wyłożonej pergaminem.

Marchewkę pieczemy w nagrzanym piekarniku przez około 20 minut, aż będzie miękka.

Udekoruj marchewki orzeszkami piniowymi i natychmiast podawaj. Cieszyć się!

Fasolka szparagowa w stylu śródziemnomorskim

(Gotowe w około 20 minut | Porcja dla 4 osób)

Na porcję: Kalorie: 159; Tłuszcz: 8,8 g; Węglowodany: 18,8 g; Białko: 4,8 g

Składniki

2 łyżki oliwy z oliwek

1 czerwona papryka, pozbawiona nasion i pokrojona w kostkę

1 ½ funta zielonej fasolki

4 ząbki czosnku, posiekane

1/2 łyżeczki nasion gorczycy

1/2 łyżeczki nasion kopru włoskiego

1 łyżeczka suszonego koperku

2 pomidory, puree

1 szklanka kremu z selera

1 łyżeczka mieszanki ziół włoskich

1 łyżeczka pieprzu cayenne

Sól i świeżo zmielony czarny pieprz

Adresy

Rozgrzej oliwę z oliwek w rondlu na średnim ogniu. Gdy będzie już gorąca, smaż paprykę i fasolkę szparagową przez około 5 minut, okresowo mieszając, aby zapewnić równomierne gotowanie.

Dodaj czosnek, nasiona gorczycy, nasiona kopru włoskiego i koperek i kontynuuj smażenie przez kolejną minutę lub do momentu, aż zacznie pachnieć.

Dodać przecier pomidorowy, krem z selera, mieszankę ziół włoskich, pieprz cayenne, sól i czarny pieprz. Kontynuuj gotowanie na wolnym ogniu pod przykryciem przez około 9 minut lub do momentu, aż fasolka szparagowa będzie miękka.

Skosztuj, dopraw przyprawami i podawaj na gorąco. Cieszyć się!

Pieczone warzywa ogrodowe

(Gotowe w około 45 minut | Porcja dla 4 osób)

Na porcję: Kalorie: 311; Tłuszcz: 14,1 g; Węglowodany: 45,2 g; Białko: 3,9 g

Składniki

1 funt dyni, obranej i pokrojonej na 1-calowe kawałki

4 słodkie ziemniaki, obrane i pokrojone na 1-calowe kawałki

1/2 szklanki marchewki, obranej i pokrojonej na 1-calowe kawałki

2 średnie cebule, pokrojone w ósemki

4 łyżki oliwy z oliwek

1 łyżeczka granulowanego czosnku

1 łyżeczka papryki

1 łyżeczka suszonego rozmarynu

1 łyżeczka nasion gorczycy

Sól koszerna i świeżo zmielony czarny pieprz do smaku

Adresy

Zacznij od rozgrzania piekarnika do 420 stopni F.

Warzywa wymieszać z oliwą i przyprawami. Ułóż je na wyłożonej pergaminem blasze do pieczenia.

Piecz około 25 minut. Wymieszaj warzywa i kontynuuj gotowanie przez kolejne 20 minut.

Cieszyć się!

. łatwa pieczona kalarepa

(Gotowe w około 30 minut | Porcja dla 4 osób)

Na porcję: Kalorie: 177; Tłuszcz: 14 g; Węglowodany: 10,5 g; Białko: 4,5 g

Składniki

1 funt cebul kalarepy, obranych i pokrojonych w plasterki

4 łyżki oliwy z oliwek

1/2 łyżeczki nasion gorczycy

1 łyżeczka nasion selera

1 łyżeczka suszonego majeranku

1 łyżeczka czosnku granulowanego, posiekanego

Sól morska i mielony czarny pieprz do smaku

2 łyżki drożdży odżywczych

Adresy

Zacznij od rozgrzania piekarnika do 450 stopni F.

Wymieszaj kalarepę z oliwą z oliwek i przyprawami, aż będzie dobrze pokryta. Kalarepę ułożyć w jednej warstwie na blasze wyłożonej pergaminem.

Piec kalarepę w nagrzanym piekarniku przez około 15 minut; zamieszaj i kontynuuj gotowanie przez kolejne 15 minut.

Ciepłą kalarepę posyp drożdżami odżywczymi i natychmiast podawaj. Cieszyć się!

Kalafior z sosem Tahini

(Gotowe w około 10 minut | Porcja dla 4 osób)

Na porcję: Kalorie: 217; Tłuszcz: 13 g; Węglowodany: 20,3 g; Białko: 8,7 g

Składniki

1 szklanka wody

2 funty różyczek kalafiora

Sól morska i mielony czarny pieprz do smaku

3 łyżki sosu sojowego

5 łyżek tahini

2 ząbki czosnku, posiekane

2 łyżki soku z cytryny

Adresy

W dużym rondlu zagotuj wodę; następnie dodaj kalafior i gotuj przez około 6 minut lub do miękkości widelca; Odcedzić, doprawić solą i pieprzem, odstawić.

W misce dokładnie wymieszaj sos sojowy, tahini, czosnek i sok z cytryny. Sosem polej różyczki kalafiora i podawaj.

Cieszyć się!

Puree ziołowo-kalafiorowe

(Gotowe w około 25 minut | Porcja dla 4 osób)

Na porcję: Kalorie: 167; Tłuszcz: 13 g; Węglowodany: 11,3 g; Białko: 4,4 g

Składniki

1 ½ funta różyczek kalafiora

4 łyżki masła wegańskiego

4 ząbki czosnku, pokrojone w plasterki

Sól morska i mielony czarny pieprz do smaku

1/4 szklanki niesłodzonego mleka owsianego

2 łyżki posiekanej świeżej natki pietruszki

Adresy

Gotuj różyczki kalafiora na parze przez około 20 minut; odstawić do ostygnięcia.

W rondlu rozpuść wegańskie masło na umiarkowanie dużym ogniu; Teraz smaż czosnek przez około 1 minutę lub do momentu, aż będzie aromatyczny.

Dodaj różyczki kalafiora do robota kuchennego, a następnie podsmażony czosnek, sól, czarny pieprz i mleko owsiane. Puree, aż wszystko się dobrze połączy.

Udekoruj listkami świeżej pietruszki i podawaj na gorąco. Cieszyć się!

Patelnia Pieczarkowa Z Czosnkiem I Ziołami

(Gotowe w około 10 minut | Porcja dla 4 osób)

Na porcję: Kalorie: 207; Tłuszcz: 15,2 g; Węglowodany: 12,7 g; Białko: 9,1 g

Składniki

4 łyżki masła wegańskiego

1 ½ funta boczniaków przekrojonych na pół

3 ząbki czosnku, posiekane

1 łyżeczka suszonego oregano

1 łyżeczka suszonego rozmarynu

1 łyżeczka suszonych płatków pietruszki

1 łyżeczka suszonego majeranku

1/2 szklanki wytrawnego białego wina

Sól koszerna i mielony czarny pieprz do smaku

Adresy

Na patelni rozgrzej oliwę z oliwek na średnio dużym ogniu.

Teraz smaż grzyby przez 3 minuty lub do momentu, aż puszczą płyn. Dodaj czosnek i kontynuuj smażenie przez kolejne 30 sekund lub do momentu, aż będzie aromatyczny.

Dodaj przyprawy i kontynuuj smażenie przez kolejne 6 minut, aż grzyby lekko się zarumienią.

Cieszyć się!

Szparagi smażone na patelni

(Gotowe w około 10 minut | Porcja dla 4 osób)

Na porcję: Kalorie: 142; Tłuszcz: 11,8 g; Węglowodany: 7,7 g; Białko: 5,1 g

Składniki

4 łyżki masła wegańskiego

1 ½ funta posiekanych szparagów

1/2 łyżeczki zmielonych nasion kminku

1/4 łyżeczki liścia laurowego, zmielonego

Sól morska i mielony czarny pieprz do smaku

1 łyżeczka świeżego soku z cytryny

Adresy

Rozpuść wegańskie masło w rondlu na średnim ogniu.

Smaż szparagi przez około 3 do 4 minut, okresowo mieszając, aby równomiernie się ugotować.

Dodaj nasiona kminku, liść laurowy, sól i czarny pieprz i kontynuuj gotowanie szparagów przez kolejne 2 minuty, aż szparagi będą chrupiące.

Skrop szparagi sokiem z limonki i podawaj na ciepło. Cieszyć się!

Puree marchewkowe z imbirem

(Gotowe w około 25 minut | Porcja dla 4 osób)

Na porcję: Kalorie: 187; Tłuszcz: 8,4 g; Węglowodany: 27,1 g; Białko: 3,4 g

Składniki

2 funty marchewki, pokrojonej w plasterki

2 łyżki oliwy z oliwek

1 łyżeczka mielonego kminku

Sól, mielony czarny pieprz do smaku

1/2 łyżeczki pieprzu cayenne

1/2 łyżeczki obranego i posiekanego imbiru

1/2 szklanki pełnego mleka

Adresy

Zacznij od rozgrzania piekarnika do 400 stopni F.

Wymieszaj marchewki z oliwą z oliwek, kminkiem, solą, czarnym pieprzem i pieprzem cayenne. Ułóż je w jednej warstwie na blasze wyłożonej pergaminem.

Marchewkę pieczemy w nagrzanym piekarniku przez około 20 minut, aż marchewka będzie chrupiąca.

Dodaj pieczoną marchewkę, imbir i mleko do robota kuchennego; Mieszaj składniki, aż wszystko będzie dobrze wymieszane.

Cieszyć się!

Karczochy pieczone w stylu śródziemnomorskim

(Gotowe w około 50 minut | Porcja dla 4 osób)

Na porcję: Kalorie: 218; Tłuszcz: 13 g; Węglowodany: 21,4 g; Białko: 5,8 g

Składniki

4 karczochy, przycięte, bez twardych liści zewnętrznych i dławików, przekrojone na pół

2 świeżo wyciśnięte cytryny

4 łyżki oliwy z oliwek z pierwszego tłoczenia

4 ząbki czosnku, posiekane

1 łyżeczka świeżego rozmarynu

1 łyżeczka świeżej bazylii

1 łyżeczka świeżej pietruszki

1 łyżeczka świeżego oregano

Sól morska w płatkach i mielony czarny pieprz do smaku

1 łyżeczka płatków czerwonej papryki

1 łyżeczka papryki

Adresy

Zacznij od rozgrzania piekarnika do 395 stopni F. Natrzyj sokiem z cytryny całą powierzchnię karczochów.

W małej misce dokładnie wymieszaj czosnek z ziołami i przyprawami.

Połówki karczochów ułóż na blaszce wyłożonej papierem do pieczenia, przecięciem do góry. Karczochy równomiernie posmaruj oliwą z oliwek. Wypełnij puste przestrzenie mieszanką czosnku i ziół.

Piec około 20 minut. Teraz przykryj je folią aluminiową i piecz przez kolejne 30 minut. Podawaj na gorąco i ciesz się!

Jarmuż duszony po tajsku

(Gotowe w około 10 minut | Porcja dla 4 osób)

Na porcję: Kalorie: 165; Tłuszcz: 9,3 g; Węglowodany: 16,5 g; Białko: 8,3 g

Składniki

1 szklanka wody

1 ½ funta jarmużu, usunąć twarde łodygi i żebra, pokroić na kawałki

2 łyżki oleju sezamowego

1 łyżeczka świeżego czosnku, wyciśniętego

1 łyżeczka imbiru, obranego i posiekanego

1 tajskie chili, posiekane

1/2 łyżeczki kurkumy w proszku

1/2 szklanki mleka kokosowego

Sól koszerna i mielony czarny pieprz do smaku

Adresy

W dużym rondlu szybko zagotuj wodę. Dodaj jarmuż i gotuj, aż będzie lśniący, około 3 minut. Odcedź, opłucz i wyciśnij do sucha.

Wytrzyj rondel papierowymi ręcznikami i rozgrzej olej sezamowy na umiarkowanym ogniu. Gdy będzie już gorący, smaż czosnek, imbir i chili przez około 1 minutę, aż zaczną wydzielać zapach.

Dodaj jarmuż i kurkumę w proszku i kontynuuj gotowanie przez kolejną minutę lub do momentu, aż się rozgrzeje.

Stopniowo dodawaj mleko kokosowe, sól i czarny pieprz; Kontynuuj gotowanie, aż płyn zgęstnieje. Skosztuj, dopraw przyprawami i podawaj na gorąco. Cieszyć się!

Jedwabiste puree z kalarepy

(Gotowe w około 30 minut | Porcja dla 4 osób)

Na porcję: Kalorie: 175; Tłuszcz: 12,8 g; Węglowodany: 12,5 g; Białko: 4,1 g

Składniki

1 ½ funta kalarepy, obranej i pokrojonej na kawałki

4 łyżki masła wegańskiego

Sól morska i świeżo zmielony czarny pieprz do smaku

1/2 łyżeczki nasion kminku

1/2 łyżeczki nasion kolendry

1/2 szklanki mleka sojowego

1 łyżeczka świeżego koperku

1 łyżeczka świeżej pietruszki

Adresy

Kalarepę gotujemy we wrzącej, osolonej wodzie do miękkości, około 30 minut; osuszać.

Zmiksuj kalarepę na puree z wegańskim masłem, solą, czarnym pieprzem, kminkiem i nasionami kolendry.

Składniki zmiksować blenderem zanurzeniowym, stopniowo dodając mleko. Posyp świeżym koperkiem i natką pietruszki. Cieszyć się!

Smażony szpinak w kremie

(Gotowe w około 15 minut | Porcja dla 4 osób)

Na porcję: Kalorie: 146; Tłuszcz: 7,8 g; Węglowodany: 15,1 g; Białko: 8,3 g

Składniki

2 łyżki masła wegańskiego

1 posiekana cebula

1 łyżeczka mielonego czosnku

1 ½ szklanki bulionu warzywnego

2 funty szpinaku, pokrojonego na kawałki

Sól morska i mielony czarny pieprz do smaku

1/4 łyżeczki suszonego koperku

1/4 łyżeczki nasion gorczycy

1/2 łyżeczki nasion selera

1 łyżeczka pieprzu cayenne

1/2 szklanki mleka owsianego

Adresy

W rondlu rozpuść wegańskie masło na średnim ogniu.

Następnie smaż cebulę przez około 3 minuty lub do momentu, aż będzie miękka i przezroczysta. Następnie podsmaż czosnek przez około 1 minutę, aż zacznie nabierać aromatu.

Dodać bulion i szpinak i doprowadzić do wrzenia.

Doprowadź ogień do wrzenia. Dodaj przyprawy i kontynuuj gotowanie przez kolejne 5 minut.

Dodaj mleko i kontynuuj gotowanie przez kolejne 5 minut. Cieszyć się!

Aromatyczna smażona rutabaga

(Gotowe w około 10 minut | Porcja dla 4 osób)

Na porcję: Kalorie: 137; Tłuszcz: 10,3 g; Węglowodany: 10,7 g; Białko: 2,9 g

Składniki

3 łyżki oleju sezamowego

1 ½ funta kalarepy, obranej i pokrojonej w kostkę

1 łyżeczka mielonego czosnku

1/2 łyżeczki suszonej bazylii

1/2 łyżeczki suszonego oregano

Sól morska i mielony czarny pieprz do smaku

Adresy

Na patelni z powłoką nieprzywierającą rozgrzej olej sezamowy. Gdy będzie już gorąca, smaż kalarepę przez około 6 minut.

Dodać czosnek, bazylię, oregano, sól i czarny pieprz. Kontynuuj gotowanie jeszcze przez 1 do 2 minut.

Podawać na gorąco. Cieszyć się!

Klasyczna duszona kapusta

(Gotowe w około 20 minut | Porcja dla 4 osób)

Na porcję: Kalorie: 197; Tłuszcz: 14,3 g; Węglowodany: 14,8 g; Białko: 4g

Składniki

4 łyżki oleju sezamowego

1 szalotka posiekana

2 ząbki czosnku, posiekane

2 liście laurowe

1 szklanka bulionu warzywnego

1 ½ funta czerwonej kapusty, pokrojonej w ósemki

1 łyżeczka płatków czerwonej papryki

Sól morska i czarny pieprz do smaku.

Adresy

Rozgrzej olej sezamowy w rondlu na średnim ogniu. Gdy będzie gorąca, smaż szalotkę przez 3 do 4 minut, okresowo mieszając, aby zapewnić równomierne gotowanie.

Dodaj czosnek i liść laurowy i kontynuuj smażenie jeszcze przez 1 minutę lub do momentu, aż zacznie pachnieć.

Dodać bulion, kapustę płatkową z czerwonej papryki, sól i czarny pieprz i dalej dusić pod przykryciem przez około 12 minut lub do momentu, aż kapusta zwiędnie.

Skosztuj, dopraw przyprawami i podawaj na gorąco. Cieszyć się!

Smażona marchewka z sezamem

(Gotowe w około 10 minut | Porcja dla 4 osób)

Na porcję: Kalorie: 244; Tłuszcz: 16,8 g; Węglowodany: 22,7 g; Białko: 3,4 g

Składniki

1/3 szklanki bulionu warzywnego

2 funty marchewki, oczyszczonej i pokrojonej w słupki

4 łyżki oleju sezamowego

1 łyżeczka mielonego czosnku

Sól himalajska i świeżo zmielony czarny pieprz do smaku

1 łyżeczka pieprzu cayenne

2 łyżki posiekanej świeżej natki pietruszki

2 łyżki nasion sezamu

Adresy

W dużym rondlu zagotuj bulion warzywny. Zmień temperaturę na średnio-niską. Dodaj marchewki i kontynuuj gotowanie pod przykryciem przez około 8 minut, aż marchewka będzie chrupiąca i miękka.

Rozgrzej olej sezamowy na średnim ogniu; Teraz smaż czosnek przez 30 sekund lub do momentu, aż będzie aromatyczny. Dodać sól, pieprz czarny i pieprz cayenne.

Na małej patelni praż nasiona sezamu przez 1 minutę lub do momentu, aż będą pachnące i złociste.

Przed podaniem udekoruj smażoną marchewkę natką pietruszki i prażonymi ziarnami sezamu. Cieszyć się!

Pieczona marchewka z sosem tahini

(Gotowe w około 25 minut | Porcja dla 4 osób)

Na porcję: Kalorie: 365; Tłuszcz: 23,8 g; Węglowodany: 35,3 g; Białko: 6,1 g

Składniki

2 ½ funta marchewki umytej, przyciętej i przekrojonej wzdłuż na pół

4 łyżki oliwy z oliwek

Sól morska i mielony czarny pieprz do smaku

Zanurzać:

4 łyżki tahini

1 łyżeczka prasowanego czosnku

2 łyżki białego octu

2 łyżki sosu sojowego

1 łyżeczka musztardy delikatesowej

1 łyżeczka syropu z agawy

1/2 łyżeczki nasion kminku

1/2 łyżeczki suszonego koperku

Adresy

Zacznij od rozgrzania piekarnika do 400 stopni F.

Marchewkę wymieszać z oliwą, solą i czarnym pieprzem. Ułóż je w jednej warstwie na blasze wyłożonej pergaminem.

Marchewkę pieczemy w nagrzanym piekarniku przez około 20 minut, aż marchewka będzie chrupiąca.

W międzyczasie wymieszaj wszystkie składniki sosu, aż dobrze się połączą.

Podawać marchewki z sosem. Cieszyć się!

Pieczony Kalafior Z Ziołami

(Gotowe w około 30 minut | Porcja dla 4 osób)

Na porcję: Kalorie: 175; Tłuszcz: 14 g; Węglowodany: 10,7 g; Białko: 3,7 g

Składniki

1 ½ funta różyczek kalafiora

1/4 szklanki oliwy z oliwek

4 całe ząbki czosnku

1 łyżka świeżej bazylii

1 łyżka świeżej kolendry

1 łyżka świeżego oregano

1 łyżka świeżego rozmarynu

1 łyżka świeżej pietruszki

Sól morska i mielony czarny pieprz do smaku

1 łyżeczka płatków czerwonej papryki

Adresy

Zacznij od rozgrzania piekarnika do 425 stopni F. Posmaruj kalafior oliwą z oliwek i połóż na wyłożonej pergaminem blasze do pieczenia.

Następnie pieczemy różyczki kalafiora przez około 20 minut; Wymieszaj je z czosnkiem i przyprawami i kontynuuj gotowanie przez kolejne 10 minut.

Podawać na gorąco. Cieszyć się!

Kremowe puree z brokułów i rozmarynu

(Gotowe w około 15 minut | Porcja dla 4 osób)

Na porcję: Kalorie: 155; Tłuszcz: 9,8 g; Węglowodany: 14,1 g; Białko: 5,7 g

Składniki

1 ½ funta różyczek brokułów

3 łyżki masła wegańskiego

4 ząbki czosnku, posiekane

2 gałązki świeżego rozmarynu, liście zebrane i posiekane

Sól morska i czerwony pieprz do smaku

1/4 szklanki niesłodzonego mleka sojowego

Adresy

Gotuj na parze różyczki brokułów przez około 10 minut; odstawić do ostygnięcia.

W rondlu rozpuść wegańskie masło na umiarkowanie dużym ogniu; Teraz smaż czosnek i rozmaryn przez około 1 minutę lub do momentu, aż zaczną pachnieć.

Do robota kuchennego dodaj różyczki brokułów, a następnie podsmażoną mieszankę czosnku i rozmarynu, sól, pieprz i mleko. Puree, aż wszystko się dobrze połączy.

W razie potrzeby udekoruj dodatkowymi świeżymi ziołami i podawaj na gorąco. Cieszyć się!

Łatwa patelnia boćwinowa

(Gotowe w około 15 minut | Porcja dla 4 osób)

Na porcję: Kalorie: 169; Tłuszcz: 11,1 g; Węglowodany: 14,9 g; Białko: 6,3 g

Składniki

3 łyżki oliwy z oliwek

1 szalotka, pokrojona w cienkie plasterki

1 czerwona papryka, pozbawiona nasion i pokrojona w kostkę

4 ząbki czosnku, posiekane

1 szklanka bulionu warzywnego

2 funty boćwiny, usunąć twarde łodygi i pokroić na kawałki

Sól morska i mielony czarny pieprz do smaku

Adresy

W rondlu rozgrzej oliwę z oliwek na średnim ogniu.

Następnie smaż szalotkę i paprykę przez około 3 minuty lub do miękkości. Następnie podsmaż czosnek przez około 1 minutę, aż zacznie nabierać aromatu.

Dodać bulion i boćwinę i doprowadzić do wrzenia. Zmniejsz ogień do małego i kontynuuj gotowanie przez kolejne 10 minut.

Dopraw solą i czarnym pieprzem do smaku i podawaj na gorąco. Cieszyć się!

Jarmuż duszony w winie

(Gotowe w około 10 minut | Porcja dla 4 osób)

Na porcję: Kalorie: 205; Tłuszcz: 11,8 g; Węglowodany: 17,3 g; Białko: 7,6 g

Składniki

1/2 szklanki wody

1 ½ funta jarmużu

3 łyżki oliwy z oliwek

4 łyżki posiekanego szczypiorku

4 ząbki czosnku, posiekane

1/2 szklanki wytrawnego białego wina

1/2 łyżeczki nasion gorczycy

Sól koszerna i mielony czarny pieprz do smaku

Adresy

W dużym rondlu zagotuj wodę. Dodaj jarmuż i gotuj, aż będzie lśniący, około 3 minut. Odcedzić i wycisnąć aż do wyschnięcia.

Wytrzyj rondel ręcznikiem papierowym i rozgrzej oliwę z oliwek na umiarkowanym ogniu. Gdy będzie już gorący, smaż szalotkę i czosnek przez około 2 minuty, aż zaczną wydzielać zapach.

Dodać wino zalane jarmużem, gorczycę, sól, czarny pieprz; kontynuuj gotowanie pod przykryciem przez kolejne 5 minut lub do momentu, aż się rozgrzeje.

Rozlać do osobnych misek i podawać na gorąco. Cieszyć się!

Warzywa fasolowe francuskie

(Gotowe w około 10 minut | Porcja dla 4 osób)

Na porcję: Kalorie: 197; Tłuszcz: 14,5 g; Węglowodany: 14,4 g; Białko: 5,4 g

Składniki

1 ½ szklanki bulionu warzywnego

1 pomidor Roma, przecier

1 ½ funta zielonej fasolki, przyciętej

4 łyżki oliwy z oliwek

2 ząbki czosnku, posiekane

1/2 łyżeczki czerwonej papryki

1/2 łyżeczki nasion kminku

1/2 łyżeczki suszonego oregano

Sól morska i świeżo zmielony czarny pieprz do smaku

1 łyżka świeżego soku z cytryny

Adresy

Zagotuj bulion warzywny i przecier pomidorowy. Dodaj Haricots Vert i gotuj przez około 5 minut, aż Haricots Verts będą chrupiące i delikatne; rezerwować.

W rondlu rozgrzej oliwę z oliwek na średnim ogniu; smaż czosnek przez 1 minutę lub do momentu, aż będzie aromatyczny.

Dodaj przyprawy i zarezerwowaną fasolkę szparagową; gotuj przez około 3 minuty, aż będzie ugotowany.

Podawać z kilkoma kroplami świeżego soku z cytryny. Cieszyć się!

Maślane puree z rzepy

(Gotowe w około 35 minut | Porcja dla 4 osób)

Na porcję: Kalorie: 187; Tłuszcz: 13,6 g; Węglowodany: 14 g; Białko: 3,6 g

Składniki

2 szklanki wody

1 ½ funta rzepy, obranej i pokrojonej na małe kawałki

4 łyżki masła wegańskiego

1 szklanka mleka owsianego

2 gałązki świeżego rozmarynu, posiekane

1 łyżka posiekanej świeżej natki pietruszki

1 łyżeczka pasty imbirowo-czosnkowej

Sól koszerna i świeżo zmielony czarny pieprz

1 łyżeczka płatków czerwonej papryki, zmielonych

Adresy

Zagotuj wodę; zmniejszyć ogień do małego i gotować rzepę przez około 30 minut; osuszać.

Za pomocą blendera zanurzeniowego zmiksuj rzepę z wegańskim masłem, mlekiem, rozmarynem, pietruszką, pastą imbirowo-czosnkową, solą, czarnym pieprzem, płatkami czerwonej papryki, w razie potrzeby dodając płyn z gotowania.

Cieszyć się!

Smażona cukinia z ziołami

(Gotowe w około 10 minut | Porcja dla 4 osób)

Na porcję: Kalorie: 99; Tłuszcz: 7,4 g; Węglowodany: 6g; Białko: 4,3 g

Składniki

2 łyżki oliwy z oliwek

1 cebula pokrojona w plasterki

2 ząbki czosnku, posiekane

1 ½ funta cukinii, pokrojonej w plasterki

Sól morska i świeżo zmielony czarny pieprz do smaku

1 łyżeczka pieprzu cayenne

1/2 łyżeczki suszonej bazylii

1/2 łyżeczki suszonego oregano

1/2 łyżeczki suszonego rozmarynu

Adresy

W rondlu rozgrzej oliwę z oliwek na średnim ogniu.

Gdy będzie już gorąca, smaż cebulę przez około 3 minuty lub do miękkości. Następnie podsmaż czosnek przez około 1 minutę, aż zacznie nabierać aromatu.

Dodaj cukinię wraz z przyprawami i kontynuuj smażenie przez kolejne 6 minut, aż będzie miękka.

Posmakuj i dostosuj przyprawy. Cieszyć się!

Puree ze słodkich ziemniaków

(Gotowe w około 20 minut | Porcja dla 4 osób)

Na porcję: Kalorie: 338; Tłuszcz: 6,9 g; Węglowodany: 68 g; Białko: 3,7 g

Składniki

1 ½ funta słodkich ziemniaków, obranych i pokrojonych w kostkę

2 łyżki roztopionego masła wegańskiego

1/2 szklanki syropu z agawy

1 łyżeczka przyprawy do ciasta dyniowego

Szczypta soli morskiej

1/2 szklanki mleka kokosowego

Adresy

Zalej słodkie ziemniaki centymetrem lub dwoma zimnej wody. Gotuj słodkie ziemniaki w delikatnie wrzącej wodzie przez około 20 minut; dobrze odsączyć.

Dodaj słodkie ziemniaki do miski robota kuchennego; dodaj masło wegańskie, syrop z agawy, przyprawę do ciasta dyniowego i sól.

Kontynuuj ucieranie, stopniowo dodając mleko, aż wszystko się dobrze połączy. Cieszyć się!

Wstęp

Do niedawna coraz więcej osób zaczynało stosować dietę roślinną. To, co dokładnie przyciągnęło dziesiątki milionów ludzi do tego stylu życia, jest dyskusyjne. Istnieje jednak coraz więcej dowodów wskazujących, że prowadzenie stylu życia opartego głównie na roślinach prowadzi do lepszej kontroli wagi i ogólnego stanu zdrowia, wolnego od wielu chorób przewlekłych. Jakie korzyści zdrowotne wynikają z diety roślinnej? Okazuje się, że dieta roślinna to jedna z najzdrowszych diet świata. Zdrowa dieta wegańska obejmuje dużo świeżych produktów, produktów pełnoziarnistych, roślin strączkowych i zdrowych tłuszczów, takich jak nasiona i orzechy. Są bogate w przeciwutleniacze, minerały, witaminy i błonnik pokarmowy. Aktualne badania naukowe wskazują, że większe spożycie żywności pochodzenia roślinnego wiąże się z niższym ryzykiem śmiertelności z powodu chorób takich jak choroby układu krążenia, cukrzyca typu 2, nadciśnienie i otyłość. Wegańskie plany żywieniowe opierają się zazwyczaj na zdrowych podstawowych produktach spożywczych i unikają produktów pochodzenia zwierzęcego obciążonych antybiotykami, dodatkami i hormonami. Ponadto spożywanie większej proporcji niezbędnych aminokwasów z białkami zwierzęcymi może być szkodliwe dla zdrowia ludzkiego. Ponieważ produkty pochodzenia zwierzęcego zawierają znacznie więcej tłuszczu niż żywność pochodzenia roślinnego, nie jest zaskoczeniem, że badania wykazały, że osoby jedzące mięso mają dziewięciokrotnie wyższy wskaźnik otyłości niż weganie. To prowadzi nas do następnego punktu, jednej z największych korzyści diety wegańskiej: utraty wagi. Chociaż wiele osób decyduje się na życie wegańskie ze względów etycznych, sama dieta może pomóc w osiągnięciu celów związanych z utratą wagi. Jeśli masz trudności ze zmianą wagi, możesz rozważyć wypróbowanie diety roślinnej. Jak dokładnie? Jako weganin zmniejszysz liczbę wysokokalorycznych produktów spożywczych, takich jak pełnotłusty nabiał, tłuste ryby, wieprzowina i inne produkty zawierające cholesterol, takie jak jajka. Spróbuj zastąpić te produkty alternatywami bogatymi w błonnik i białko, które zapewnią Ci uczucie sytości na dłużej. Kluczem jest skupienie się na bogatej w składniki odżywcze, czystej, naturalnej żywności i unikanie pustych kalorii, takich jak cukier, tłuszcze nasycone i żywność wysoko przetworzona. Oto kilka trików, które pomagają mi utrzymać wagę na diecie wegańskiej przez lata. Jako danie główne mam warzywa; Dobre tłuszcze spożywam z umiarem – dobry tłuszcz, taki jak oliwa z oliwek, nie tuczy; Regularnie ćwiczę i gotuję w domu. Ciesz się!

Tradycyjny indyjski Rajma Dal

(Gotowe w około 20 minut | Porcja dla 4 osób)

Na porcję: Kalorie: 269; Tłuszcz: 15,2 g; Węglowodany: 22,9 g; Białko: 7,2 g

Składniki

3 łyżki oleju sezamowego

1 łyżeczka posiekanego imbiru

1 łyżeczka nasion kminku

1 łyżeczka nasion kolendry

1 duża cebula posiekana

1 łodyga selera, posiekana

1 łyżeczka mielonego czosnku

1 szklanka sosu pomidorowego

1 łyżeczka garam masali

1/2 łyżeczki curry w proszku

1 mała laska cynamonu

1 zielone chili, pozbawione nasion i posiekane

2 szklanki fasoli z puszki, odsączonej

2 szklanki bulionu warzywnego

Sól koszerna i mielony czarny pieprz do smaku

Adresy

W rondlu rozgrzej olej sezamowy na średnim ogniu; Teraz podsmaż imbir, nasiona kminku i nasiona kolendry, aż zacznie wydzielać zapach lub około 30 sekund.

Dodaj cebulę i seler i kontynuuj smażenie przez kolejne 3 minuty, aż zmiękną.

Dodaj czosnek i kontynuuj smażenie przez kolejną 1 minutę.

Pozostałe składniki włóż do rondla i zmniejsz ogień, aż zacznie się gotować. Kontynuuj gotowanie przez 10 do 12 minut lub do momentu ugotowania. Podawaj na gorąco i ciesz się!

Sałatka z czerwonej fasoli

(Gotowe w około 1 godzinę + czas chłodzenia | Porcja dla 6 osób)

Na porcję: Kalorie: 443; Tłuszcz: 19,2 g; Węglowodany: 52,2 g; Białko: 18,1 g

Składniki

3/4 funta fasoli, namoczonej przez noc

2 papryki, posiekane

1 marchewka, pokrojona i starta

3 uncje mrożonych lub puszkowanych ziaren kukurydzy, odsączonych

3 czubate łyżki posiekanego szczypiorku

2 ząbki czosnku, posiekane

1 czerwone chili, pokrojone w plasterki

1/2 szklanki oliwy z oliwek z pierwszego tłoczenia

2 łyżki octu jabłkowego

2 łyżki świeżego soku z cytryny

Sól morska i mielony czarny pieprz do smaku

2 łyżki posiekanej świeżej kolendry

2 łyżki posiekanej świeżej natki pietruszki

2 łyżki posiekanej świeżej bazylii

Adresy

Namoczoną fasolę zalać świeżą zimną wodą i doprowadzić do wrzenia. Gotuj przez około 10 minut. Zmniejsz ogień do małego i kontynuuj gotowanie przez 50 do 55 minut lub do miękkości.

Fasolę poczekaj, aż całkowicie ostygnie, a następnie przełóż ją do salaterki.

Dodać pozostałe składniki i wymieszać, żeby dobrze się połączyły. Cieszyć się!

Gulasz warzywno-fasolowy Anasazi

(Gotowe w około 1 godzinę | Porcja dla 3 osób)

Na porcję: Kalorie: 444; Tłuszcz: 15,8 g; Węglowodany: 58,2 g; Białko: 20,2 g

Składniki

1 szklanka fasoli Anasazi, namoczonej przez noc i odsączonej

3 szklanki bulionu z pieczonych warzyw

1 laur laurowy

1 gałązka tymianku, posiekana

1 gałązka rozmarynu, posiekana

3 łyżki oliwy z oliwek

1 duża cebula posiekana

2 łodygi selera, posiekane

2 marchewki posiekane

2 papryki pozbawione nasion i posiekane

1 zielone chili, pozbawione nasion i posiekane

2 ząbki czosnku, posiekane

Sól morska i mielony czarny pieprz do smaku

1 łyżeczka pieprzu cayenne

1 łyżeczka papryki

Adresy

W rondlu zagotuj fasolę Anasazi i bulion. Po zagotowaniu zmniejsz ogień do wrzenia. Dodaj liść laurowy, tymianek i rozmaryn; gotuj przez około 50 minut lub do miękkości.

W międzyczasie w garnku o grubym dnie rozgrzej oliwę z oliwek na średnim ogniu. Teraz podsmaż cebulę, seler, marchewkę i paprykę przez około 4 minuty, aż będą miękkie.

Dodaj czosnek i kontynuuj smażenie przez kolejne 30 sekund lub do momentu, aż zacznie nabierać aromatu.

Dodaj podsmażoną mieszaninę do ugotowanej fasoli. Doprawić solą, czarnym pieprzem, pieprzem cayenne i papryką słodką.

Kontynuuj gotowanie na wolnym ogniu, okresowo mieszając, przez kolejne 10 minut lub do momentu, aż wszystko będzie ugotowane. Cieszyć się!

Łatwa i obfita shakshuka

(Gotowe w około 50 minut | Porcja dla 4 osób)

Na porcję: Kalorie: 324; Tłuszcz: 11,2 g; Węglowodany: 42,2 g; Białko: 15,8 g

Składniki

2 łyżki oliwy z oliwek

1 posiekana cebula

2 papryki, posiekane

1 poblano chili, posiekane

2 ząbki czosnku, posiekane

2 pomidory, puree

Sól morska i czarny pieprz do smaku.

1 łyżeczka suszonej bazylii

1 łyżeczka płatków czerwonej papryki

1 łyżeczka papryki

2 liście laurowe

1 szklanka ciecierzycy namoczonej przez noc, opłukanej i odsączonej

3 szklanki bulionu warzywnego

2 łyżki posiekanej świeżej kolendry

Adresy

Rozgrzej oliwę z oliwek w rondlu na średnim ogniu. Gdy będzie już gorąca, smaż cebulę, paprykę i czosnek przez około 4 minuty, aż będą miękkie i aromatyczne.

Dodać przecier pomidorowy, sól morską, pieprz czarny, bazylię, paprykę czerwoną, paprykę i liście laurowe.

Zwiększ ogień do wrzenia i dodaj ciecierzycę oraz bulion warzywny. Gotuj przez 45 minut lub do miękkości.

Posmakuj i dostosuj przyprawy. Wlej szakszukę do osobnych misek i podawaj udekorowaną świeżą kolendrą. Cieszyć się!

staromodne chili

(Gotowe w około 1 godzinę 30 minut | Porcja dla 4 osób)

Na porcję: Kalorie: 514; Tłuszcz: 16,4 g; Węglowodany: 72 g; Białka: 25,8 g

Składniki

3/4 funta fasoli, namoczonej przez noc

2 łyżki oliwy z oliwek

1 posiekana cebula

2 papryki, posiekane

1 posiekane czerwone chili

2 żeberka selera, posiekane

2 ząbki czosnku, posiekane

2 liście laurowe

1 łyżeczka mielonego kminku

1 łyżeczka posiekanego tymianku

1 łyżeczka ziaren czarnego pieprzu

20 uncji zmiażdżonych pomidorów

2 szklanki bulionu warzywnego

1 łyżeczka wędzonej papryki

Sól morska do smaku

2 łyżki posiekanej świeżej kolendry

1 awokado, wypestkowane, obrane i pokrojone w plasterki

Adresy

Namoczoną fasolę zalać świeżą zimną wodą i doprowadzić do wrzenia. Gotuj przez około 10 minut. Zmniejsz ogień do małego i kontynuuj gotowanie przez 50 do 55 minut lub do miękkości.

W garnku o grubym dnie rozgrzej oliwę z oliwek na średnim ogniu. Gdy będzie już gorący, podsmaż cebulę, paprykę i seler.

Podsmaż czosnek, liście laurowe, mielony kminek, tymianek i ziarna czarnego pieprzu przez około 1 minutę.

Dodać pokrojone w kostkę pomidory, bulion warzywny, paprykę, sól i ugotowaną fasolę. Gotuj na wolnym ogniu, okresowo mieszając, przez 25 do 30 minut lub do momentu ugotowania.

Podawać udekorowane świeżą kolendrą i awokado. Cieszyć się!

Prosta sałatka z czerwonej soczewicy

(Gotowe w około 20 minut + czas chłodzenia | Porcja dla 3 osób)

Na porcję: Kalorie: 295; Tłuszcz: 18,8 g; Węglowodany: 25,2 g; Białko: 8,5 g

Składniki

1/2 szklanki czerwonej soczewicy, namoczonej przez noc i odsączonej

1 ½ szklanki wody

1 gałązka rozmarynu

1 liść laurowy

1 szklanka pomidorów winogronowych, przekrojonych na pół

1 ogórek, pokrojony w cienkie plasterki

1 papryka, pokrojona w cienkie plasterki

1 ząbek czosnku, posiekany

1 cebula, pokrojona w cienkie plasterki

2 łyżki świeżego soku z limonki

4 łyżki oliwy z oliwek

Sól morska i mielony czarny pieprz do smaku

Adresy

Dodaj czerwoną soczewicę, wodę, rozmaryn i liść laurowy do rondla i zagotuj na dużym ogniu. Następnie zmniejsz ogień do wrzenia i kontynuuj gotowanie przez 20 minut lub do miękkości.

Soczewicę włóż do salaterki i poczekaj, aż całkowicie ostygnie.

Dodać pozostałe składniki i wymieszać, żeby dobrze się połączyły. Podawać w temperaturze pokojowej lub na zimno.

Cieszyć się!

Sałatka z ciecierzycy w stylu śródziemnomorskim

(Gotowe w około 40 minut + czas chłodzenia | Porcja dla 4 osób)

Na porcję: Kalorie: 468; Tłuszcz: 12,5 g; Węglowodany: 73 g; Białko: 21,8 g

Składniki

2 szklanki ciecierzycy namoczonej przez noc i odsączonej

1 ogórek perski, pokrojony w plasterki

1 szklanka pomidorków koktajlowych, przekrojonych na pół

1 czerwona papryka, pozbawiona nasion i pokrojona w plasterki

1 zielona papryka, pozbawiona nasion i pokrojona w plasterki

1 łyżeczka musztardy delikatesowej

1 łyżeczka nasion kolendry

1 łyżeczka posiekanej papryczki jalapeno

1 łyżka świeżego soku z cytryny

1 łyżka octu balsamicznego

1/4 szklanki oliwy z oliwek z pierwszego tłoczenia

Sól morska i mielony czarny pieprz do smaku

2 łyżki posiekanej świeżej kolendry

2 łyżki oliwek Kalamata, wypestkowanych i pokrojonych w plasterki

Adresy

Umieść ciecierzycę w garnku; zalać ciecierzycę wodą na głębokość 2 cali. Niech się zagotuje.

Natychmiast zmniejsz ogień do małego i kontynuuj gotowanie przez około 40 minut lub do miękkości.

Przełóż ciecierzycę do salaterki. Dodać pozostałe składniki i wymieszać, żeby dobrze się połączyły. Cieszyć się!

Tradycyjny toskański gulasz fasolowy (Ribollita)

(Gotowe w około 25 minut | Porcja dla 5 osób)

Na porcję: Kalorie: 388; Tłuszcz: 10,3 g; Węglowodany: 57,3 g; Białko: 19,5 g

Składniki

3 łyżki oliwy z oliwek

1 średni por, posiekany

1 seler z liśćmi, posiekany

1 cukinia, pokrojona w kostkę

1 włoska papryka, pokrojona w plasterki

3 ząbki czosnku, zmiażdżone

2 liście laurowe

Sól koszerna i mielony czarny pieprz do smaku

1 łyżeczka pieprzu cayenne

1 puszka (28 uncji) pomidorów, zmiażdżonych

2 szklanki bulionu warzywnego

2 (15-uncjowe) puszki fasoli północnej, odsączone

2 szklanki jarmużu Lacinato, pokrojonego na kawałki

1 szklanka crostini

Adresy

W garnku o grubym dnie rozgrzej oliwę z oliwek na średnim ogniu. Gdy będzie już gorący, smaż por, seler, cukinię i paprykę przez około 4 minuty.

Smaż czosnek i liście laurowe przez około 1 minutę.

Dodać przyprawy, pomidory, bulion i fasolę konserwową. Gotuj na wolnym ogniu, mieszając od czasu do czasu, przez około 15 minut lub do momentu ugotowania.

Dodaj jarmuż Lacinato i kontynuuj gotowanie na wolnym ogniu, mieszając od czasu do czasu, przez 4 minuty.

Podawać udekorowane crostini. Cieszyć się!

Mieszanka warzyw i soczewicy bieługi

(Gotowe w około 25 minut | Porcja dla 5 osób)

Na porcję: Kalorie: 382; Tłuszcz: 9,3 g; Węglowodany: 59g; Białko: 17,2 g

Składniki

3 łyżki oliwy z oliwek

1 posiekana cebula

2 papryki pozbawione nasion i posiekane

1 marchewka, pokrojona i posiekana

1 pasternak, pokrojony i posiekany

1 łyżeczka posiekanego imbiru

2 ząbki czosnku, posiekane

Sól morska i mielony czarny pieprz do smaku

1 duża cukinia, pokrojona w kostkę

1 szklanka sosu pomidorowego

1 szklanka bulionu warzywnego

1 ½ szklanki soczewicy bieługi, namoczonej przez noc i odsączonej

2 szklanki boćwiny

Adresy

W holenderskim piekarniku rozgrzej oliwę z oliwek, aż zacznie skwierczeć. Teraz podsmaż cebulę, paprykę, marchewkę i pasternak, aż zmiękną.

Dodaj imbir i czosnek i kontynuuj smażenie przez kolejne 30 sekund.

Teraz dodaj sól, czarny pieprz, cukinię, sos pomidorowy, bulion warzywny i soczewicę; gotuj na wolnym ogniu przez około 20 minut, aż wszystko się ugotuje.

Dodaj boćwinę; Przykryj i gotuj na wolnym ogniu przez kolejne 5 minut. Cieszyć się!

Meksykańskie miski Taco z ciecierzycy

(Gotowe w około 15 minut | Porcja dla 4 osób)

Na porcję: Kalorie: 409; Tłuszcz: 13,5 g; Węglowodany: 61,3 g; Białko: 13,8 g

Składniki

2 łyżki oleju sezamowego

1 posiekana czerwona cebula

1 chili habanero, posiekane

2 ząbki czosnku, zmiażdżone

2 papryki pozbawione nasion i pokrojone w kostkę

Sól morska i mielony czarny pieprz

1/2 łyżeczki meksykańskiego oregano

1 łyżeczka mielonego kminku

2 dojrzałe pomidory, puree

1 łyżeczka brązowego cukru

16 uncji ciecierzycy z puszki, odsączonej

4 tortille z mąki (8 cali)

2 łyżki posiekanej świeżej kolendry

Adresy

Na dużej patelni rozgrzej olej sezamowy na średnio dużym ogniu. Następnie smaż cebulę przez 2 do 3 minut lub do miękkości.

Dodaj paprykę i czosnek i kontynuuj smażenie przez 1 minutę lub do momentu, aż zaczną wydzielać zapach.

Dodaj przyprawy, pomidory i brązowy cukier i zagotuj. Natychmiast zmniejsz ogień do małego, dodaj ciecierzycę z puszki i gotuj przez kolejne 8 minut lub do momentu, aż się rozgrzeje.

Podsmaż tortille i ułóż je z przygotowaną mieszanką z ciecierzycy.

Posyp świeżą kolendrą i natychmiast podawaj. Cieszyć się!

Indyjski Dal Makhani

(Gotowe w około 20 minut | Porcja dla 6 osób)

Na porcję: Kalorie: 329; Tłuszcz: 8,5 g; Węglowodany: 44,1 g; Białko: 16,8 g

Składniki

3 łyżki oleju sezamowego

1 duża cebula posiekana

1 papryka pozbawiona nasion i posiekana

2 ząbki czosnku, posiekane

1 łyżka startego imbiru

2 zielone chili, pozbawione nasion i posiekane

1 łyżeczka nasion kminku

1 laur laurowy

1 łyżeczka kurkumy w proszku

1/4 łyżeczki czerwonej papryki

1/4 łyżeczki zmielonego ziela angielskiego

1/2 łyżeczki garam masali

1 szklanka sosu pomidorowego

4 szklanki bulionu warzywnego

1 ½ szklanki czarnej soczewicy, namoczonej przez noc i odcedzonej

4-5 liści curry do dekoracji godz

Adresy

W rondlu rozgrzej olej sezamowy na średnim ogniu; Teraz smaż cebulę i paprykę przez kolejne 3 minuty, aż zmiękną.

Dodaj czosnek, imbir, zielone chilli, nasiona kminku i liść laurowy; kontynuuj smażenie, często mieszając, przez 1 minutę lub do momentu, aż zacznie pachnieć.

Dodać pozostałe składniki oprócz liści curry. Teraz zmniejsz ogień do niskiego. Kontynuuj gotowanie przez kolejne 15 minut lub do momentu ugotowania.

Udekoruj liśćmi curry i podawaj na gorąco!

Miska na fasolę w stylu meksykańskim

(Gotowe w około 1 godzinę + czas chłodzenia | Porcja dla 6 osób)

Na porcję: Kalorie: 465; Tłuszcz: 17,9 g; Węglowodany: 60,4 g; Białko: 20,2 g

Składniki

1 funt fasoli zwyczajnej, namoczonej przez noc i odsączonej

1 szklanka ziaren kukurydzy z puszki, odsączonych

2 pieczone papryki, pokrojone w plasterki

1 chili, drobno posiekane

1 szklanka pomidorków koktajlowych, przekrojonych na pół

1 posiekana czerwona cebula

1/4 szklanki świeżej kolendry, posiekanej

1/4 szklanki posiekanej świeżej pietruszki

1 łyżeczka meksykańskiego oregano

1/4 szklanki czerwonego octu winnego

2 łyżki świeżego soku z cytryny

1/3 szklanki oliwy z oliwek z pierwszego tłoczenia

Mielona sól morska i czarna do smaku

1 awokado, obrane, wypestkowane i pokrojone w plasterki

Adresy

Namoczoną fasolę zalać świeżą zimną wodą i doprowadzić do wrzenia. Gotuj przez około 10 minut. Zmniejsz ogień do małego i kontynuuj gotowanie przez 50 do 55 minut lub do miękkości.

Fasolę poczekaj, aż całkowicie ostygnie, a następnie przełóż ją do salaterki.

Dodać pozostałe składniki i wymieszać, żeby dobrze się połączyły. Podawać w temperaturze pokojowej.

Cieszyć się!

Klasyczny włoski Minestrone

(Gotowe w około 30 minut | Porcja dla 5 osób)

Na porcję: Kalorie: 305; Tłuszcz: 8,6 g; Węglowodany: 45,1 g; Białko: 14,2 g

Składniki

2 łyżki oliwy z oliwek

1 duża cebula, pokrojona w kostkę

2 marchewki pokrojone w plasterki

4 ząbki czosnku, posiekane

1 szklanka makaronu łokciowego

5 szklanek bulionu warzywnego

1 puszka (15 uncji) fasoli granatowej, odsączona

1 duża cukinia, pokrojona w kostkę

1 puszka (28 uncji) pomidorów, zmiażdżonych

1 łyżka posiekanych świeżych liści oregano

1 łyżka posiekanych świeżych liści bazylii

1 łyżka posiekanej świeżej włoskiej pietruszki

Adresy

W holenderskim piekarniku rozgrzej oliwę z oliwek, aż zacznie skwierczeć. Teraz podsmaż cebulę i marchewkę, aż zmiękną.

Dodać czosnek, surowy makaron i bulion; pozostawić do zaparzenia na około 15 minut.

Dodać fasolę, cukinię, pomidory i zioła. Kontynuuj gotowanie pod przykryciem przez około 10 minut, aż wszystko będzie ugotowane.

W razie potrzeby udekoruj dodatkowymi ziołami. Cieszyć się!

Gulasz z zielonej soczewicy z kapustą

(Gotowe w około 30 minut | Porcja dla 5 osób)

Na porcję: Kalorie: 415; Tłuszcz: 6,6 g; Węglowodany: 71g; Białko: 18,4 g

Składniki

2 łyżki oliwy z oliwek

1 posiekana cebula

2 słodkie ziemniaki, obrane i pokrojone w kostkę

1 posiekana papryka

2 marchewki posiekane

1 posiekany pasternak

1 posiekany seler

2 ząbki czosnku

1 ½ szklanki zielonej soczewicy

1 łyżka mieszanki ziół włoskich

1 szklanka sosu pomidorowego

5 szklanek bulionu warzywnego

1 szklanka mrożonej kukurydzy

1 szklanka jarmużu, pokrojonego na kawałki

Adresy

W holenderskim piekarniku rozgrzej oliwę z oliwek, aż zacznie skwierczeć. Teraz podsmaż cebulę, słodkie ziemniaki, paprykę, marchewkę, pasternak i seler, aż zmiękną.

Dodaj czosnek i kontynuuj smażenie przez kolejne 30 sekund.

Teraz dodaj zieloną soczewicę, mieszankę ziół włoskich, sos pomidorowy i bulion warzywny; gotuj na wolnym ogniu przez około 20 minut, aż wszystko się ugotuje.

Dodaj mrożoną kukurydzę i kapustę; Przykryj i gotuj na wolnym ogniu przez kolejne 5 minut. Cieszyć się!

Mieszanka warzywna z ciecierzycy

(Gotowe w około 30 minut | Porcja dla 4 osób)

Na porcję: Kalorie: 369; Tłuszcz: 18,1 g; Węglowodany: 43,5 g; Białko: 13,2 g

Składniki

2 łyżki oliwy z oliwek

1 cebula drobno posiekana

1 posiekana papryka

1 bulwa kopru włoskiego, posiekana

3 ząbki czosnku, posiekane

2 dojrzałe pomidory, puree

2 łyżki posiekanej świeżej natki pietruszki

2 łyżki posiekanej świeżej bazylii

2 łyżki posiekanej świeżej kolendry

2 szklanki bulionu warzywnego

14 uncji ciecierzycy z puszki, odsączonej

Sól koszerna i mielony czarny pieprz do smaku

1/2 łyżeczki pieprzu cayenne

1 łyżeczka papryki

1 awokado, obrane i pokrojone w plasterki

Adresy

W garnku o grubym dnie rozgrzej oliwę z oliwek na średnim ogniu. Gdy będzie już gorący, smaż cebulę, paprykę i bulwę kopru włoskiego przez około 4 minuty.

Smaż czosnek przez około 1 minutę lub do momentu, aż będzie aromatyczny.

Dodać pomidory, świeże zioła, bulion, ciecierzycę, sól, pieprz czarny, pieprz cayenne i paprykę. Gotuj na wolnym ogniu, mieszając od czasu do czasu, przez około 20 minut lub do momentu ugotowania.

Posmakuj i dostosuj przyprawy. Podawać udekorowane plasterkami świeżego awokado. Cieszyć się!

Pikantny sos fasolowy

(Gotowe w około 30 minut | Na 10 porcji)

Na porcję: Kalorie: 175; Tłuszcz: 4,7 g; Węglowodany: 24,9 g; Białko: 8,8 g

Składniki

2 (15-uncjowe) puszki fasoli północnej, odsączone

2 łyżki oliwy z oliwek

2 łyżki sosu Sriracha

2 łyżki drożdży odżywczych

4 uncje wegańskiego serka śmietankowego

1/2 łyżeczki papryki

1/2 łyżeczki pieprzu cayenne

1/2 łyżeczki mielonego kminku

Sól morska i mielony czarny pieprz do smaku

4 uncje chipsów tortilla

Adresy

Zacznij od rozgrzania piekarnika do 360 stopni F.

Wszystkie składniki, z wyjątkiem chipsów tortilla, zmiksuj w robocie kuchennym, aż uzyskasz pożądaną konsystencję.

Piec sos w nagrzanym piekarniku przez około 25 minut lub do momentu, aż będzie gorący.

Podawaj z chipsami tortilla i ciesz się smakiem!

Sałatka sojowa w stylu chińskim

(Gotowe w około 10 minut | Porcja dla 4 osób)

Na porcję: Kalorie: 265; Tłuszcz: 13,7 g; Węglowodany: 21g; Białko: 18g

Składniki

1 puszka (15 uncji) soi, odsączona

1 szklanka rukoli

1 szklanka szpinaku baby

1 szklanka zielonej kapusty, posiekanej

1 cebula, pokrojona w cienkie plasterki

1/2 łyżeczki mielonego czosnku

1 łyżeczka posiekanego imbiru

1/2 łyżeczki musztardy delikatesowej

2 łyżki sosu sojowego

1 łyżka octu ryżowego

1 łyżka soku z limonki

2 łyżki tahini

1 łyżeczka syropu z agawy

Adresy

W salaterce umieść soję, rukolę, szpinak, kapustę i cebulę; wymieszać do połączenia.

W małej misce wymieszaj pozostałe składniki dressingu.

Ubierz sałatkę i natychmiast podawaj. Cieszyć się!

Staromodny gulasz z soczewicy i warzyw

(Gotowe w około 25 minut | Porcja dla 5 osób)

Na porcję: Kalorie: 475; Tłuszcz: 17,3 g; Węglowodany: 61,4 g; Białko: 23,7 g

Składniki

3 łyżki oliwy z oliwek

1 duża cebula posiekana

1 posiekana marchewka

1 papryka, pokrojona w kostkę

1 chili habanero, posiekane

3 ząbki czosnku, posiekane

Koszerna sól i czarny pieprz do smaku

1 łyżeczka mielonego kminku

1 łyżeczka wędzonej papryki

1 puszka (28 uncji) pomidorów, zmiażdżonych

2 łyżki sosu pomidorowego

4 szklanki bulionu warzywnego

3/4 funta suszonej czerwonej soczewicy, namoczonej przez noc i odsączonej

1 awokado pokrojone w plasterki

Adresy

W garnku o grubym dnie rozgrzej oliwę z oliwek na średnim ogniu. Gdy będzie już gorący, smaż cebulę, marchewkę i paprykę przez około 4 minuty.

Smaż czosnek przez około 1 minutę.

Dodać przyprawy, pomidory, sos pomidorowy, bulion i soczewicę z puszki. Gotuj na wolnym ogniu, mieszając od czasu do czasu, przez około 20 minut lub do momentu ugotowania.

Podawać udekorowane plasterkami awokado. Cieszyć się!

Indyjska chana masala

(Gotowe w około 15 minut | Porcja dla 4 osób)

Na porcję: Kalorie: 305; Tłuszcz: 17,1 g; Węglowodany: 30,1 g; Białko: 9,4 g

Składniki

1 szklanka pomidorów, puree

1 chili kaszmirskie, posiekane

1 duża szalotka, posiekana

1 łyżeczka świeżego imbiru, obranego i startego

4 łyżki oliwy z oliwek

2 ząbki czosnku, posiekane

1 łyżeczka nasion kolendry

1 łyżeczka garam masali

1/2 łyżeczki kurkumy w proszku

Sól morska i mielony czarny pieprz do smaku

1/2 szklanki bulionu warzywnego

16 uncji ciecierzycy konserwowej

1 łyżka świeżego soku z cytryny

Adresy

W blenderze lub robocie kuchennym zmiksuj pomidory, chili kaszmirskie, szalotkę i imbir na pastę.

W rondlu rozgrzej oliwę z oliwek na średnim ogniu. Gdy będzie już gorący, gotuj przygotowany makaron i czosnek przez około 2 minuty.

Dodać pozostałe przyprawy, bulion i ciecierzycę. Doprowadź ogień do wrzenia. Kontynuuj gotowanie na wolnym ogniu przez kolejne 8 minut lub do momentu ugotowania.

Zdjąć z ognia. Wierzch każdej porcji skrop świeżym sokiem z cytryny. Cieszyć się!

pasztet z czerwonej fasoli

(Gotowe w około 10 minut | Porcja dla 8)

Na porcję: Kalorie: 135; Tłuszcz: 12,1 g; Węglowodany: 4,4 g; Białko: 1,6 g

Składniki

2 łyżki oliwy z oliwek

1 posiekana cebula

1 posiekana papryka

2 ząbki czosnku, posiekane

2 szklanki fasoli, ugotowanej i odcedzonej

1/4 szklanki oliwy z oliwek

1 łyżeczka musztardy mielonej na kamieniu

2 łyżki posiekanej świeżej natki pietruszki

2 łyżki posiekanej świeżej bazylii

Sól morska i mielony czarny pieprz do smaku

Adresy

W rondlu rozgrzej oliwę z oliwek na średnim ogniu. Teraz ugotuj cebulę, paprykę i czosnek do miękkości lub około 3 minut.

Dodaj smażoną mieszaninę do blendera; dodać pozostałe składniki. Zmiksuj składniki w blenderze lub robocie kuchennym, aż uzyskasz gładką i kremową konsystencję.

Cieszyć się!

Miska brązowej soczewicy

(Gotowe w około 20 minut + czas chłodzenia | Porcja dla 4 osób)

Na porcję: Kalorie: 452; Tłuszcz: 16,6 g; Węglowodany: 61,7 g; Białko: 16,4 g

Składniki

1 szklanka brązowej soczewicy, namoczonej przez noc i odsączonej

3 szklanki wody

2 szklanki ugotowanego brązowego ryżu

1 cukinia, pokrojona w kostkę

1 posiekana czerwona cebula

1 łyżeczka mielonego czosnku

1 ogórek pokrojony w plasterki

1 papryka pokrojona w plasterki

4 łyżki oliwy z oliwek

1 łyżka octu ryżowego

2 łyżki soku z cytryny

2 łyżki sosu sojowego

1/2 łyżeczki suszonego oregano

1/2 łyżeczki mielonego kminku

Sól morska i mielony czarny pieprz do smaku

2 szklanki rukoli

2 szklanki sałaty rzymskiej, pokrojonej na kawałki

Adresy

Dodaj brązową soczewicę i wodę do rondla i zagotuj na dużym ogniu. Następnie zmniejsz ogień do wrzenia i kontynuuj gotowanie przez 20 minut lub do miękkości.

Soczewicę włóż do salaterki i poczekaj, aż całkowicie ostygnie.

Dodać pozostałe składniki i wymieszać, żeby dobrze się połączyły. Podawać w temperaturze pokojowej lub na zimno. Cieszyć się!

Ostra i pikantna zupa fasolowa Anasazi

(Gotowe w około 1 godzinę 10 minut | Dla 5 osób)

Na porcję: Kalorie: 352; Tłuszcz: 8,5 g; Węglowodany: 50,1 g; Białko: 19,7 g

Składniki

2 szklanki fasoli Anasazi, namoczonej przez noc, odsączonej i opłukanej

8 szklanek wody

2 liście laurowe

3 łyżki oliwy z oliwek

2 średnie cebule, posiekane

2 papryki, posiekane

1 chili habanero, posiekane

3 ząbki czosnku, wyciśnięte lub posiekane

Sól morska i mielony czarny pieprz do smaku

Adresy

W garnku do zupy zagotuj fasolę Anasazi i wodę. Po zagotowaniu zmniejsz ogień do wrzenia. Dodaj liście laurowe i gotuj przez około 1 godzinę lub do miękkości.

W międzyczasie w garnku o grubym dnie rozgrzej oliwę z oliwek na średnim ogniu. Teraz smaż cebulę, paprykę i czosnek przez około 4 minuty, aż będą miękkie.

Dodaj podsmażoną mieszaninę do ugotowanej fasoli. Doprawić solą i czarnym pieprzem.

Kontynuuj gotowanie na wolnym ogniu, okresowo mieszając, przez kolejne 10 minut lub do momentu, aż wszystko będzie ugotowane. Cieszyć się!

Sałatka z groszku czarnookiego (Ñebbe)

(Gotowe w około 1 godzinę | Dla 5 osób)

Na porcję: Kalorie: 471; Tłuszcz: 17,5 g; Węglowodany: 61,5 g; Białko: 20,6 g

Składniki

2 szklanki suszonego groszku czarnookiego, namoczonego przez noc i odcedzonego

2 łyżki posiekanych liści bazylii

2 łyżki posiekanych liści pietruszki

1 szalotka posiekana

1 ogórek pokrojony w plasterki

2 papryki pozbawione nasion i pokrojone w kostkę

1 papryka Scotch Bonnet, pozbawiona nasion i drobno posiekana

1 szklanka pomidorków koktajlowych, pokrojonych na ćwiartki

Sól morska i mielony czarny pieprz do smaku

2 łyżki świeżego soku z limonki

1 łyżka octu jabłkowego

1/4 szklanki oliwy z oliwek z pierwszego tłoczenia

1 awokado, obrane, wypestkowane i pokrojone w plasterki

Adresy

Zalać groszek czarnooki wodą na głębokość 2 cali i doprowadzić do delikatnego wrzenia. Gotuj przez około 15 minut.

Następnie zmniejsz ogień na mały na około 45 minut. Pozwól mu całkowicie ostygnąć.

Umieść groszek czarnooki w salaterce. Dodać bazylię, pietruszkę, szalotkę, ogórek, paprykę, pomidorki koktajlowe, sól i czarny pieprz.

W misce wymieszaj sok z cytryny, ocet i oliwę z oliwek.

Ubierz sałatkę, udekoruj świeżym awokado i od razu podawaj. Cieszyć się!

Słynne chili mamy

(Gotowe w około 1 godzinę 30 minut | Dla 5 osób)

Na porcję: Kalorie: 455; Tłuszcz: 10,5 g; Węglowodany: 68,6 g; Białko: 24,7 g

Składniki

1 funt czerwonej czarnej fasoli, namoczonej przez noc i odsączonej

3 łyżki oliwy z oliwek

1 duża czerwona cebula, pokrojona w kostkę

2 papryki, pokrojone w kostkę

1 poblano chili, posiekane

1 duża marchewka, obrana i pokrojona w kostkę

2 ząbki czosnku, posiekane

2 liście laurowe

1 łyżeczka mieszanych ziaren pieprzu

Sól koszerna i pieprz cayenne do smaku

1 łyżka papryki

2 dojrzałe pomidory, puree

2 łyżki sosu pomidorowego

3 szklanki bulionu warzywnego

Adresy

Namoczoną fasolę zalać świeżą zimną wodą i doprowadzić do wrzenia. Gotuj przez około 10 minut. Zmniejsz ogień do małego i kontynuuj gotowanie przez 50 do 55 minut lub do miękkości.

W garnku o grubym dnie rozgrzej oliwę z oliwek na średnim ogniu. Gdy będzie już gorący, podsmaż cebulę, paprykę i marchewkę.

Smaż czosnek przez około 30 sekund lub do momentu, aż będzie aromatyczny.

Dodać pozostałe składniki wraz z ugotowaną fasolą. Gotuj na wolnym ogniu, okresowo mieszając, przez 25 do 30 minut lub do momentu ugotowania.

Wyrzucić liście laurowe, przełożyć do osobnych misek i podawać na gorąco.

Sałatka Krem z Ciecierzycy Z Orzeszkami pinii

(Gotowe w około 10 minut | Porcja dla 4 osób)

Na porcję: Kalorie: 386; Tłuszcz: 22,5 g; Węglowodany: 37,2 g; Białko: 12,9 g

Składniki

16 uncji ciecierzycy z puszki, odsączonej

1 łyżeczka mielonego czosnku

1 szalotka posiekana

1 szklanka pomidorków koktajlowych, przekrojonych na pół

1 papryka pozbawiona nasion i pokrojona w plasterki

1/4 szklanki posiekanej świeżej bazylii

1/4 szklanki posiekanej świeżej pietruszki

1/2 szklanki majonezu wegańskiego

1 łyżka soku z cytryny

1 łyżeczka kaparów, odsączonych

Sól morska i mielony czarny pieprz do smaku

2 uncje orzeszków piniowych

Adresy

Do salaterki włóż ciecierzycę, warzywa i zioła.

Dodać majonez, sok z cytryny, kapary, sól i czarny pieprz. Mieszaj do połączenia.

Posyp orzeszkami piniowymi i natychmiast podawaj. Cieszyć się!

Miska Buddy z Czarnej Fasoli

(Gotowe w około 1 godzinę | Porcja dla 4 osób)

Na porcję: Kalorie: 365; Tłuszcz: 14,1 g; Węglowodany: 45,6 g; Białko: 15,5 g

Składniki

1/2 funta czarnej fasoli, namoczonej przez noc i odsączonej

2 szklanki ugotowanego brązowego ryżu

1 średnia cebula, pokrojona w cienkie plasterki

1 szklanka papryki pozbawionej nasion i pokrojonej w plasterki

1 papryczka jalapeno, pozbawiona nasion i pokrojona w plasterki

2 ząbki czosnku, posiekane

1 szklanka rukoli

1 szklanka szpinaku baby

1 łyżeczka skórki z limonki

1 łyżka musztardy Dijon

1/4 szklanki czerwonego octu winnego

1/4 szklanki oliwy z oliwek z pierwszego tłoczenia

2 łyżki syropu z agawy

Sól morska w płatkach i mielony czarny pieprz do smaku

1/4 szklanki świeżej włoskiej pietruszki, posiekanej

Adresy

Namoczoną fasolę zalać świeżą zimną wodą i doprowadzić do wrzenia. Gotuj przez około 10 minut. Zmniejsz ogień do małego i kontynuuj gotowanie przez 50 do 55 minut lub do miękkości.

Aby podać, podziel fasolę i ryż do misek; posypać warzywami.

W małej misce dokładnie wymieszaj skórkę z limonki, musztardę, ocet, oliwę z oliwek, syrop z agawy, sól i pieprz. Sałatkę polej sosem winegret.

Udekoruj świeżą włoską natką pietruszki. Cieszyć się!

Gulasz z ciecierzycy z Bliskiego Wschodu

(Gotowe w około 20 minut | Porcja dla 4 osób)

Na porcję: Kalorie: 305; Tłuszcz: 11,2 g; Węglowodany: 38,6 g; Białko: 12,7 g

Składniki

1 posiekana cebula

1 posiekane chili

2 ząbki czosnku, posiekane

1 łyżeczka nasion gorczycy

1 łyżeczka nasion kolendry

1 liść laurowy

1/2 szklanki przecieru pomidorowego

2 łyżki oliwy z oliwek

1 seler z liśćmi, posiekany

2 średnie marchewki, przycięte i posiekane

2 szklanki bulionu warzywnego

1 łyżeczka mielonego kminku

1 mała laska cynamonu

16 uncji ciecierzycy z puszki, odsączonej

2 szklanki boćwiny, pokrojonej na kawałki

Adresy

W blenderze lub robocie kuchennym zmiksuj cebulę, papryczkę chili, czosnek, nasiona gorczycy, nasiona kolendry, liść laurowy i przecier pomidorowy, aż uzyskasz pastę.

W garnku rozgrzej oliwę z oliwek, aż zacznie skwierczeć. Teraz gotuj seler i marchewkę przez około 3 minuty lub do momentu, aż zmiękną. Dodaj makaron i kontynuuj gotowanie przez kolejne 2 minuty.

Następnie dodać bulion warzywny, kminek, cynamon i ciecierzycę; postaw na małym ogniu.

Zmniejsz ogień do małego i gotuj przez 6 minut; Dodaj boćwinę i kontynuuj gotowanie przez kolejne 4 do 5 minut lub do momentu, aż liście zwiędną. Podawaj na gorąco i ciesz się!

Dip z soczewicy i pomidorów

(Gotowe w około 10 minut | Porcja dla 8)

Na porcję: Kalorie: 144; Tłuszcz: 4,5 g; Węglowodany: 20,2 g; Białko: 8,1 g

Składniki

16 uncji soczewicy, ugotowanej i odsączonej

4 łyżki suszonych pomidorów, posiekanych

1 szklanka koncentratu pomidorowego

4 łyżki tahini

1 łyżeczka musztardy mielonej na kamieniu

1 łyżeczka mielonego kminku

1/4 łyżeczki zmielonego liścia laurowego

1 łyżeczka płatków czerwonej papryki

Sól morska i mielony czarny pieprz do smaku

Adresy

Zmiksuj wszystkie składniki w blenderze lub robocie kuchennym, aż uzyskasz pożądaną konsystencję.

Włóż do lodówki do momentu podania.

Podawać z tostowanymi plasterkami pity lub paluszkami warzywnymi. Cieszyć się!

Sałatka krem z zielonego groszku

(Gotowe w około 10 minut + czas chłodzenia | Porcja dla 6 osób)

Na porcję: Kalorie: 154; Tłuszcz: 6,7 g; Węglowodany: 17,3 g; Białko: 6,9 g

Składniki

2 puszki (14,5 uncji) zielonego groszku, odsączonego

1/2 szklanki majonezu wegańskiego

1 łyżeczka musztardy Dijon

2 łyżki posiekanego szczypiorku

2 posiekane pikle

1/2 szklanki marynowanych grzybów, posiekanych i odsączonych

1/2 łyżeczki mielonego czosnku

Sól morska i mielony czarny pieprz do smaku

Adresy

Wszystkie składniki umieścić w salaterce. Mieszaj delikatnie do połączenia.

Włóż sałatkę do lodówki i poczekaj, aż będzie gotowa do podania.

Cieszyć się!

Hummus Za'atar z Bliskiego Wschodu

(Gotowe w około 10 minut | Porcja dla 8)

Na porcję: Kalorie: 140; Tłuszcz: 8,5 g; Węglowodany: 12,4 g; Białko: 4,6 g

Składniki

10 uncji ciecierzycy, ugotowanej i odsączonej

1/4 szklanki tahini

2 łyżki oliwy z oliwek z pierwszego tłoczenia

2 łyżki suszonych pomidorów, posiekanych

1 świeżo wyciśnięta cytryna

2 ząbki czosnku, posiekane

Sól koszerna i mielony czarny pieprz do smaku

1/2 łyżeczki wędzonej papryki

1 łyżeczka Zataru

Adresy

Zmiksuj wszystkie składniki w robocie kuchennym, aż uzyskasz kremową i gładką masę.

Włóż do lodówki do momentu podania.

Cieszyć się!

Sałatka Z Soczewicy Z Orzeszkami Pinii

(Gotowe w około 20 minut + czas chłodzenia | Porcja dla 3 osób)

Na porcję: Kalorie: 332; Tłuszcz: 19,7 g; Węglowodany: 28,2 g; Białko: 12,2 g

Składniki

1/2 szklanki brązowej soczewicy

1 ½ szklanki bulionu warzywnego

1 marchewka, pokrojona w słupki

1 mała posiekana cebula

1 ogórek pokrojony w plasterki

2 ząbki czosnku, posiekane

3 łyżki oliwy z oliwek z pierwszego tłoczenia

1 łyżka octu z czerwonego wina

2 łyżki soku z cytryny

2 łyżki posiekanej bazylii

2 łyżki posiekanej natki pietruszki

2 łyżki posiekanego szczypiorku

Sól morska i mielony czarny pieprz do smaku

2 łyżki posiekanych orzeszków piniowych

Adresy

Do rondla dodaj brązową soczewicę i bulion warzywny i zagotuj na dużym ogniu. Następnie zmniejsz ogień do wrzenia i kontynuuj gotowanie przez 20 minut lub do miękkości.

Soczewicę włóż do salaterki.

Dodać warzywa i wymieszać, aby dobrze się połączyły. W misce wymieszaj oliwę, ocet, sok z cytryny, bazylię, pietruszkę, szczypiorek, sól i czarny pieprz.

Ubierz sałatkę, udekoruj orzeszkami piniowymi i podawaj w temperaturze pokojowej. Cieszyć się!

Ciepła sałatka z fasoli Anasazi

(Gotowe w około 1 godzinę | Dla 5 osób)

Na porcję: Kalorie: 482; Tłuszcz: 23,1 g; Węglowodany: 54,2 g; Białko: 17,2 g

Składniki

2 szklanki fasoli Anasazi, namoczonej przez noc, odsączonej i opłukanej

6 szklanek wody

1 poblano chili, posiekane

1 posiekana cebula

1 szklanka pomidorków koktajlowych, przekrojonych na pół

2 szklanki mieszanej sałaty, pokrojonej na kawałki

Bandaż:

1 łyżeczka mielonego czosnku

1/2 szklanki oliwy z oliwek z pierwszego tłoczenia

1 łyżka soku z cytryny

2 łyżki czerwonego octu winnego

1 łyżka musztardy mielonej na kamieniu

1 łyżka sosu sojowego

1/2 łyżeczki suszonego oregano

1/2 łyżeczki suszonej bazylii

Sól morska i mielony czarny pieprz do smaku

Adresy

W rondlu zagotuj fasolę Anasazi i wodę. Gdy się zagotuje, zmniejsz ogień do wrzenia i gotuj przez około 1 godzinę lub do miękkości.

Odcedź ugotowaną fasolę i włóż ją do salaterki; Dodaj pozostałe składniki sałatki.

Następnie w małej misce wymieszaj wszystkie składniki dressingu, aż się dobrze wymieszają. Ubierz sałatkę i wymieszaj, aby połączyć. Podawaj w temperaturze pokojowej i ciesz się smakiem!

Tradycyjny gulasz Mnazaleh

(Gotowe w około 25 minut | Porcja dla 4 osób)

Na porcję: Kalorie: 439; Tłuszcz: 24 g; Węglowodany: 44,9 g; Białko: 13,5 g

Składniki

4 łyżki oliwy z oliwek

1 posiekana cebula

1 duży bakłażan, obrany i pokrojony w kostkę

1 szklanka posiekanej marchewki

2 ząbki czosnku, posiekane

2 duże pomidory, puree

1 łyżeczka przyprawy Baharat

2 szklanki bulionu warzywnego

14 uncji ciecierzycy z puszki, odsączonej

Sól koszerna i mielony czarny pieprz do smaku

1 średnie awokado, wypestkowane, obrane i pokrojone w plasterki

Adresy

W garnku o grubym dnie rozgrzej oliwę z oliwek na średnim ogniu. Gdy będzie już gorący, smaż cebulę, bakłażana i marchewkę przez około 4 minuty.

Smaż czosnek przez około 1 minutę lub do momentu, aż będzie aromatyczny.

Dodać pomidory, przyprawę Baharat, bulion i ciecierzycę z puszki. Gotuj na wolnym ogniu, mieszając od czasu do czasu, przez około 20 minut lub do momentu ugotowania.

Doprawić solą i pieprzem. Podawać udekorowane plasterkami świeżego awokado. Cieszyć się!

Krem z czerwonej soczewicy i papryki

(Gotowe w około 25 minut | Porcja dla 9)

Na porcję: Kalorie: 193; Tłuszcz: 8,5 g; Węglowodany: 22,3 g; Białko: 8,5 g

Składniki

1 ½ szklanki czerwonej soczewicy, namoczonej przez noc i odsączonej

4 ½ szklanki wody

1 gałązka rozmarynu

2 liście laurowe

2 pieczone papryki, pozbawione nasion i pokrojone w kostkę

1 szalotka posiekana

2 ząbki czosnku, posiekane

1/4 szklanki oliwy z oliwek

2 łyżki tahini

Sól morska i mielony czarny pieprz do smaku

Adresy

Dodaj czerwoną soczewicę, wodę, rozmaryn i liście laurowe do rondla i zagotuj na dużym ogniu. Następnie zmniejsz ogień do wrzenia i kontynuuj gotowanie przez 20 minut lub do miękkości.

Umieść soczewicę w robocie kuchennym.

Dodaj resztę składników i miksuj, aż wszystko się dobrze połączy.

Cieszyć się!

Smażony w woku przyprawiony groszek śnieżny

(Gotowe w około 10 minut | Porcja dla 4 osób)

Na porcję: Kalorie: 196; Tłuszcz: 8,7 g; Węglowodany: 23g; Białko: 7,3 g

Składniki

2 łyżki oleju sezamowego

1 posiekana cebula

1 marchewka, pokrojona i posiekana

1 łyżeczka pasty imbirowo-czosnkowej

1 funt groszku śnieżnego

Pieprz syczuański do smaku

1 łyżeczka sosu Sriracha

2 łyżki sosu sojowego

1 łyżka octu ryżowego

Adresy

W woku rozgrzej olej sezamowy, aż zacznie skwierczeć. Teraz smaż cebulę i marchewkę przez 2 minuty lub do momentu, aż będą chrupiące.

Dodaj pastę imbirowo-czosnkową i kontynuuj gotowanie przez kolejne 30 sekund.

Dodaj groszek i smaż na dużym ogniu przez około 3 minuty, aż się lekko zwęgli.

Następnie dodaj pieprz, Srirachę, sos sojowy i ocet ryżowy i smaż jeszcze przez 1 minutę. Podawaj natychmiast i ciesz się smakiem!

Szybkie chilli na co dzień

(Gotowe w około 35 minut | Porcja dla 5 osób)

Na porcję: Kalorie: 345; Tłuszcz: 8,7 g; Węglowodany: 54,5 g; Białko: 15,2 g

Składniki

2 łyżki oliwy z oliwek

1 duża cebula posiekana

1 seler liściasty, przycięty i pokrojony w kostkę

1 marchewka, pokrojona w plasterki i kostkę

1 słodki ziemniak, obrany i pokrojony w kostkę

3 ząbki czosnku, posiekane

1 papryczka jalapeno, posiekana

1 łyżeczka pieprzu cayenne

1 łyżeczka nasion kolendry

1 łyżeczka nasion kopru włoskiego

1 łyżeczka papryki

2 szklanki duszonych pomidorów, rozdrobnionych

2 łyżki sosu pomidorowego

2 łyżeczki wegańskiego granulatu bulionowego

1 szklanka wody

1 szklanka kremu cebulowego

2 funty fasoli pinto z puszki, odsączonej

1 limonka pokrojona w plasterki

Adresy

W garnku o grubym dnie rozgrzej oliwę z oliwek na średnim ogniu. Gdy będzie już gorący, smaż cebulę, seler, marchewkę i słodkie ziemniaki przez około 4 minuty.

Smaż czosnek i papryczkę jalapeno przez około 1 minutę.

Dodać przyprawy, pomidory, sos pomidorowy, granulat bulionu wegańskiego, wodę, krem cebulowy i fasolę z puszki. Gotuj na wolnym ogniu, mieszając od czasu do czasu, przez około 30 minut lub do momentu ugotowania.

Podawać udekorowane plasterkami limonki. Cieszyć się!

Kremowa sałatka z groszku czarnookiego

(Gotowe w około 1 godzinę | Dla 5 osób)

Na porcję: Kalorie: 325; Tłuszcz: 8,6 g; Węglowodany: 48,2 g; Białko: 17,2 g

Składniki

1 ½ szklanki groszku czarnookiego, namoczonego przez noc i odcedzonego

4 łodygi szczypiorku, pokrojone w plasterki

1 marchewka pokrojona w julienne

1 szklanka zielonej kapusty, posiekanej

2 papryki pozbawione nasion i posiekane

2 średnie pomidory, pokrojone w kostkę

1 łyżka suszonych pomidorów, posiekanych

1 łyżeczka mielonego czosnku

1/2 szklanki majonezu wegańskiego

1 łyżka soku z limonki

1/4 szklanki białego octu winnego

Sól morska i mielony czarny pieprz do smaku

Adresy

Zalać groszek czarnooki wodą na głębokość 2 cali i doprowadzić do delikatnego wrzenia. Gotuj przez około 15 minut.

Następnie zmniejsz ogień na mały na około 45 minut. Pozwól mu całkowicie ostygnąć.

Umieść groszek czarnooki w salaterce. Dodać pozostałe składniki i wymieszać, żeby dobrze się połączyły. Cieszyć się!

Awokado Nadziewane Ciecierzycą

(Gotowe w około 10 minut | Porcja dla 4 osób)

Na porcję: Kalorie: 205; Tłuszcz: 15,2 g; Węglowodany: 16,8 g; Białko: 4,1 g

Składniki

2 awokado, wypestkowane i przekrojone na pół

1/2 świeżo wyciśniętej cytryny

4 łyżki posiekanego szczypiorku

1 ząbek czosnku, posiekany

1 średni pokrojony pomidor

1 papryka pozbawiona nasion i posiekana

1 czerwone chili, pozbawione nasion i posiekane

2 uncje ciecierzycy, gotowanej lub gotowanej, odsączonej

Sól koszerna i mielony czarny pieprz do smaku

Adresy

Połóż awokado na talerzu do serwowania. Każde awokado skrop sokiem z cytryny.

W misce delikatnie wymieszaj pozostałe składniki nadzienia, aż dobrze się połączą.

Przygotowaną mieszanką napełnij awokado i natychmiast podawaj. Cieszyć się!

Zupa z czarnej fasoli

(Gotowe w około 1 godzinę 50 minut | Porcja dla 4 osób)

Na porcję: Kalorie: 505; Tłuszcz: 11,6 g; Węglowodany: 80,3 g; Białko: 23,2 g

Składniki

2 szklanki czarnej fasoli, namoczonej przez noc i odcedzonej

1 gałązka tymianku

2 łyżki oleju kokosowego

2 posiekane cebule

1 żebro selera, posiekane

1 marchewka, obrana i posiekana

1 włoska papryka, pozbawiona nasion i posiekana

1 chili, pozbawione nasion i posiekane

4 ząbki czosnku, wyciśnięte lub posiekane

Sól morska i świeżo zmielony czarny pieprz do smaku

1/2 łyżeczki mielonego kminku

1/4 łyżeczki zmielonego liścia laurowego

1/4 łyżeczki zmielonego ziela angielskiego

1/2 łyżeczki suszonej bazylii

4 szklanki bulionu warzywnego

1/4 szklanki świeżej kolendry, posiekanej

2 uncje chipsów tortilla

Adresy

W garnku do zupy zagotuj fasolę i 6 szklanek wody. Po zagotowaniu zmniejsz ogień do wrzenia. Dodaj gałązkę tymianku i gotuj przez około 1 godzinę 30 minut lub do miękkości.

W międzyczasie w garnku o grubym dnie rozgrzej olej na średnim ogniu. Teraz podsmaż cebulę, seler, marchewkę i paprykę przez około 4 minuty, aż będą miękkie.

Następnie smaż czosnek przez około 1 minutę lub do momentu, aż zacznie pachnieć.

Dodaj podsmażoną mieszaninę do ugotowanej fasoli. Następnie dodać sól, czarny pieprz, kminek, zmielony liść laurowy, zmielone ziele angielskie, suszoną bazylię i bulion warzywny.

Kontynuuj gotowanie na wolnym ogniu, okresowo mieszając, przez kolejne 15 minut lub do momentu, aż wszystko będzie ugotowane.

Udekoruj świeżą kolendrą i chipsami tortilla. Cieszyć się!

Sałatka z soczewicy Beluga z ziołami

(Gotowe w około 20 minut + czas chłodzenia | Porcja dla 4 osób)

Na porcję: Kalorie: 364; Tłuszcz: 17 g; Węglowodany: 40,2 g; Białko: 13,3 g

Składniki

1 szklanka czerwonej soczewicy

3 szklanki wody

1 szklanka pomidorów winogronowych, przekrojonych na pół

1 zielona papryka, pozbawiona nasion i pokrojona w kostkę

1 czerwona papryka, pozbawiona nasion i pokrojona w kostkę

1 czerwone chili, pozbawione nasion i pokrojone w kostkę

1 ogórek pokrojony w plasterki

4 łyżki posiekanej szalotki

2 łyżki posiekanej świeżej natki pietruszki

2 łyżki posiekanej świeżej kolendry

2 łyżki świeżego szczypiorku, posiekanego

2 łyżki posiekanej świeżej bazylii

1/4 szklanki oliwy z oliwek

1/2 łyżeczki nasion kminku

1/2 łyżeczki posiekanego imbiru

1/2 łyżeczki mielonego czosnku

1 łyżeczka syropu z agawy

2 łyżki świeżego soku z cytryny

1 łyżeczka skórki z cytryny

Sól morska i mielony czarny pieprz do smaku

2 uncje czarnych oliwek, wypestkowanych i przeciętych na pół

Adresy

Dodaj brązową soczewicę i wodę do rondla i zagotuj na dużym ogniu. Następnie zmniejsz ogień do wrzenia i kontynuuj gotowanie przez 20 minut lub do miękkości.

Soczewicę włóż do salaterki.

Dodaj warzywa i zioła i wymieszaj, aby dobrze się połączyły. W misce wymieszaj olej, nasiona kminku, imbir, czosnek, syrop z agawy, sok z cytryny, skórkę z cytryny, sól i czarny pieprz.

Ubierz sałatkę, udekoruj oliwkami i podawaj w temperaturze pokojowej. Cieszyć się!

Włoska sałatka z fasoli

(Gotowe w około 1 godzinę + czas chłodzenia | Porcja dla 4 osób)

Na porcję: Kalorie: 495; Tłuszcz: 21,1 g; Węglowodany: 58,4 g; Białko: 22,1 g

Składniki

3/4 funta fasoli cannellini, namoczonej przez noc i odsączonej

2 szklanki różyczek kalafiora

1 czerwona cebula, pokrojona w cienkie plasterki

1 łyżeczka mielonego czosnku

1/2 łyżeczki posiekanego imbiru

1 papryczka jalapeno, posiekana

1 szklanka pomidorów winogronowych, pokrojonych na ćwiartki

1/3 szklanki oliwy z oliwek z pierwszego tłoczenia

1 łyżka soku z limonki

1 łyżeczka musztardy Dijon

1/4 szklanki białego octu

2 ząbki czosnku, wyciśnięte

1 łyżeczka mieszanki ziół włoskich

Sól koszerna i mielony czarny pieprz do przyprawienia

2 uncje zielonych oliwek, wypestkowanych i pokrojonych w plasterki

Adresy

Namoczoną fasolę zalać świeżą zimną wodą i doprowadzić do wrzenia. Gotuj przez około 10 minut. Zmniejsz ogień do małego i kontynuuj gotowanie przez 60 minut lub do miękkości.

W międzyczasie gotuj różyczki kalafiora przez około 6 minut lub do miękkości.

Niech fasola i kalafior całkowicie ostygną; następnie przełóż je do salaterki.

Dodać pozostałe składniki i wymieszać, żeby dobrze się połączyły. Posmakuj i dostosuj przyprawy.

Cieszyć się!

Pomidory Nadziewane Białą Fasolą

(Gotowe w około 10 minut | Porcja dla 3 osób)

Na porcję: Kalorie: 245; Tłuszcz: 14,9 g; Węglowodany: 24,4 g; Białko: 5,1 g

Składniki

3 średnie pomidory, odkrój cienki plasterek z góry i usuń miąższ

1 starta marchewka

1 posiekana czerwona cebula

1 ząbek obranego czosnku

1/2 łyżeczki suszonej bazylii

1/2 łyżeczki suszonego oregano

1 łyżeczka suszonego rozmarynu

3 łyżki oliwy z oliwek

3 uncje białej fasoli z puszki, odsączonej

3 uncje ziaren słodkiej kukurydzy, rozmrożone

1/2 szklanki chipsów tortilla, pokruszonych

Adresy

Pomidory ułóż na półmisku, w którym będziesz serwować danie.

W misce wymieszaj pozostałe składniki nadzienia, aż wszystko się dobrze połączy.

Napełnij awokado i natychmiast podawaj. Cieszyć się!

Zimowa zupa grochowa czarnooka

(Gotowe w około 1 godzinę 5 minut | Porcja dla 5 osób)

Na porcję: Kalorie: 147; Tłuszcz: 6 g; Węglowodany: 13,5 g; Białko: 7,5 g

Składniki

2 łyżki oliwy z oliwek

1 posiekana cebula

1 posiekana marchewka

1 posiekany pasternak

1 szklanka posiekanych cebul kopru włoskiego

2 ząbki czosnku, posiekane

2 szklanki suszonego groszku czarnookiego, namoczonego przez noc

5 szklanek bulionu warzywnego

Sól koszerna i świeżo zmielony czarny pieprz do przyprawienia

Adresy

W garnku rozgrzej oliwę z oliwek na średnim ogniu. Gdy będzie już gorący, smaż cebulę, marchewkę, pasternak i koper włoski przez 3 minuty lub do miękkości.

Dodaj czosnek i kontynuuj smażenie przez 30 sekund lub do momentu, aż zacznie nabierać aromatu.

Dodać groszek, bulion warzywny, sól i czarny pieprz. Kontynuuj gotowanie pod częściowym przykryciem przez kolejną godzinę lub do momentu ugotowania.

Cieszyć się!

Empanady z czerwonej fasoli

(Gotowe w około 15 minut | Porcja dla 4 osób)

Na porcję: Kalorie: 318; Tłuszcz: 15,1 g; Węglowodany: 36,5 g; Białko: 10,9 g

Składniki

12 uncji fasoli z puszki lub gotowanej, odsączonej

1/3 szklanki tradycyjnych płatków owsianych

1/4 szklanki mąki uniwersalnej

1 łyżeczka proszku do pieczenia

1 mała szalotka, posiekana

2 ząbki czosnku, posiekane

Sól morska i mielony czarny pieprz do smaku

1 łyżeczka papryki

1/2 łyżeczki chili w proszku

1/2 łyżeczki zmielonego liścia laurowego

1/2 łyżeczki mielonego kminku

1 jajko chia

4 łyżki oliwy z oliwek

Adresy

Fasolę włóż do miski i rozgnieć widelcem.

Dokładnie wymieszaj fasolę, płatki owsiane, mąkę, proszek do pieczenia, szalotkę, czosnek, sól, czarny pieprz, paprykę, chili w proszku, zmielony liść laurowy, kminek i jajko chia.

Z powstałej mieszanki uformuj cztery burgery.

Następnie rozgrzej oliwę z oliwek na patelni na średnio dużym ogniu. Smaż burgery przez około 8 minut, obracając raz lub dwa razy.

Podawać z ulubionymi dodatkami. Cieszyć się!

Domowe burgery grochowe

(Gotowe w około 15 minut | Porcja dla 4 osób)

Na porcję: Kalorie: 467; Tłuszcz: 19,1 g; Węglowodany: 58,5 g; Białko: 15,8 g

Składniki

1 funt groszku, zamrożony i rozmrożony

1/2 szklanki mąki z ciecierzycy

1/2 szklanki mąki zwykłej

1/2 szklanki bułki tartej

1 łyżeczka proszku do pieczenia

2 jajka lniane

1 łyżeczka papryki

1/2 łyżeczki suszonej bazylii

1/2 łyżeczki suszonego oregano

Sól morska i mielony czarny pieprz do smaku

4 łyżki oliwy z oliwek

4 bułki do hamburgerów

Adresy

W misce dokładnie wymieszaj groszek, mąkę, bułkę tartą, proszek do pieczenia, jajka lniane, paprykę, bazylię, oregano, sól i czarny pieprz.

Z powstałej mieszanki uformuj cztery burgery.

Następnie rozgrzej oliwę z oliwek na patelni na średnio dużym ogniu. Smaż burgery przez około 8 minut, obracając raz lub dwa razy.

Podawaj na bułkach do burgerów i ciesz się smakiem!

marchewkowe kulki energetyczne

(Gotowe w około 10 minut + czas chłodzenia | Porcja dla 8)

Na porcję: Kalorie: 495; Tłuszcz: 21,1 g; Węglowodany: 58,4 g; Białko: 22,1 g

Składniki

1 duża marchewka, starta marchewka

1 ½ szklanki tradycyjnych płatków owsianych

1 szklanka rodzynek

1 szklanka daktyli, bez pestek

1 szklanka płatków kokosowych

1/4 łyżeczki zmielonych goździków

1/2 łyżeczki mielonego cynamonu

Adresy

W robocie kuchennym miksuj wszystkie składniki, aż powstanie gładka, lepka mieszanina.

Z ciasta formuj równe kulki.

Włóż do lodówki do momentu podania. Cieszyć się!

Chrupiące kawałki słodkich ziemniaków

(Gotowe w około 25 minut + czas chłodzenia | Porcja dla 4 osób)

Na porcję: Kalorie: 215; Tłuszcz: 4,5 g; Węglowodany: 35 g; Białko: 8,7 g

Składniki

4 słodkie ziemniaki, obrane i starte

2 jajka chia

1/4 szklanki drożdży odżywczych

2 łyżki tahini

2 łyżki mąki z ciecierzycy

1 łyżeczka sproszkowanej szalotki

1 łyżeczka czosnku w proszku

1 łyżeczka papryki

Sól morska i mielony czarny pieprz do smaku

Adresy

Zacznij od rozgrzania piekarnika do 395 stopni F. Wyłóż blachę do pieczenia papierem pergaminowym lub matą Silpat.

Dobrze wymieszaj wszystkie składniki, aż wszystko zostanie dobrze połączone.

Z ciasta uformuj równe kulki i włóż do lodówki na około 1 godzinę.

Piec te kulki przez około 25 minut, obracając je w połowie czasu pieczenia. Cieszyć się!

Gulasz z czarnej fasoli i szpinaku

(Gotowe w około 1 godzinę 35 minut | Porcja dla 4 osób)

Na porcję: Kalorie: 459; Tłuszcz: 9,1 g; Węglowodany: 72 g; Białko: 25,4 g

Składniki

2 szklanki czarnej fasoli, namoczonej przez noc i odcedzonej

2 łyżki oliwy z oliwek

1 cebula, obrana i przekrojona na pół

1 papryczka jalapeno, pokrojona w plasterki

2 papryki pozbawione nasion i pokrojone w plasterki

1 szklanka grzybów, pokrojona w plasterki

2 ząbki czosnku, posiekane

2 szklanki bulionu warzywnego

1 łyżeczka papryki

Sól koszerna i mielony czarny pieprz do smaku

1 liść laurowy

2 szklanki szpinaku, pokrojonego na kawałki

Adresy

Namoczoną fasolę zalać świeżą zimną wodą i doprowadzić do wrzenia. Gotuj przez około 10 minut. Zmniejsz ogień do małego i kontynuuj gotowanie przez 50 do 55 minut lub do miękkości.

W garnku o grubym dnie rozgrzej oliwę z oliwek na średnim ogniu. Gdy będzie już gorący, smaż cebulę i paprykę przez około 3 minuty.

Smaż czosnek i grzyby przez około 3 minuty lub do momentu, aż grzyby puszczą płyn, a czosnek zacznie pachnieć.

Dodać bulion warzywny, paprykę, sól, czarny pieprz, liść laurowy i ugotowaną fasolę. Gotuj na wolnym ogniu, okresowo mieszając, przez około 25 minut lub do momentu ugotowania.

Następnie dodać szpinak i dusić pod przykryciem około 5 minut. Cieszyć się!

www.ingramcontent.com/pod-product-compliance
Lightning Source LLC
Chambersburg PA
CBHW071854110526
44591CB00011B/1409